中国人ご一行様からクレームです！

中国人観光客とうまく付き合うためのヒント

伊藤雅雄【著】

はじめに

「中国の人々の多くは、工場や農村で働く単純労働者だ」と認識している方もいることでしょう。「世界の工場」と言われて久しい中国では、確かに今でも貧しい地方から出稼ぎに来て、安い賃金で働いている若者も少なくありません。

しかし、富裕層の人々はといえば、高級乗用車を乗り回し、豪華なマンションに住み、そしてふつうに海外旅行に出掛けているのです。今や、銀座のデパートや高級ブランド店の上客は中国からのツアー客。ついこの前まで「人民服に自転車」だった人々が、日本人をも上回る勢いで買い物にいそしむ、こんな光景は二十年前には誰も予想できなかったことです。

そんな「中国人の大激変」に最前線で対応している、小売店やホテルなどサービス業の方々は考え方の改革が必要になっています。おそらく、現場スタッフの方々は「日本へと押し寄せて来る中国人観光客」に対する接客について、とても悩んでおられると推測します。これは「中国語を使ったやり取り」ができないといった問題よりもむしろ、日中双方の文化背景の相違が意外なほど大きいことから、接客についての対応は思いのほか難しいのではないでしょうか?

私はこんなふうに考えています。

中国からの観光客と、受け入れに携わる日本人との間で起こっている最大の問題は、お互いの文化背景を知らないことによる「相互不理解」による行き違いから生じているのではないかと。やがて、双方は不満を溜め、やがて衝突へ。これではいつまで経っても「旅行を楽しみたい中国人」と、それを「大きなビジネスにつなげたい日本人」との間での軋轢《あつれき》は解決しません。
「相互不理解」を「相互理解」に変えて行くにはどうすべきか、と私が考えついたのが、日本側の意見を聞くのではなく「中国人訪日客からクレームやつらかった思い出を積極的に集めてみよう」という視点でした。

「日本に来る中国の人々」はどんなことを期待し、悩み、考えているのか？ そしてどんな場面でどういうトラブルを起こすのか？ 日本を旅行したことのある中国のさまざまな階層の人々や、実際に旅行業に携わる関係の方々と接し、訪日ツアーに関する「良かったこと、悪かったこと、喜んだこと、つらかったこと」を語ってもらいました。

出て来たエピソードの中には、日中双方で意見がぶつかること、自分たちにとって当たり前なのにその相手にとっては非常識で耐えられないこと、そして日本人に対する耳の痛い批判も少なからずありました。それらを「体験談」「中国での実情」「訪日客の反応」「その問題への対策」の四項目に整理、全部で三十五に及ぶテーマに分けて考察、検討を進めました。

オリンピックも成功裡に終わり、二〇一〇年には上海万博を控え、さまざまな問題を抱えながらも経済発展が続く中国。日本を舞台に「一三億人の隣国」からやって来る人々とどう関わり、どう付き合って行くか、一緒に考えて行こうではありませんか。

二〇〇九年　春節明けのある日　伊藤雅雄

目次

第2章　そういう価値観だったのか！……103

第3章「また来るよ！日本へ」と言ってもらおう！

コラム **登場人物プロフィール紹介**

本書をまとめるにあたり、幾名かの日本への渡航経験がある人々や業界関係者にお話を伺った。参考として、本文に登場する人々のプロフィールを簡単に紹介する。

★ツアーガイドAさん（男性・30歳）
中国東北部（旧満州）の大連出身。独身。地元の大学で日本語を専攻の後、研究生として日本の大学に編入。修了後、旅行関係の仕事に就く。日本滞在歴はトータル八年ほど。中国からのツアー客のふるまいに悩まされつつも、「ツアーは一週間足らずの時間だが、『日本』というものを存分に感じてもらおう」と日々奮闘している。

★ツアー運営会社のBさん（男性・43歳）
四川省の成都出身。日本人の妻を持つ。大学卒業後、中国の旅行会社で日本人客の受け入れ業務に従事。日本へ来た後は、日本へ来る中国人ツアーの手配担当者に。ガイドからだけでなく、手配先のレストランや宿泊施設からのさまざまなクレームに対応。いろいろな問題を抱えながら業務を行っている。

★ツアー参加者のCさん（女性・28歳）
上海在住の外資系企業に勤めるOL。ボスはアメリカ人で、日頃から英語を使って仕事をしていて、いわゆる高級ホテルや外人が出入りするレストランで普通に食事をしている。日本ツアーには友人と参加した。旅そのものは存分に楽しんだが、ツアーが進むにつれ、他のツアー客の行動に疑問を持つように。

★ツアー参加者のDさん（男性・40歳）
広東省出身。いわゆるDINKSの中堅サラリーマン。流通業で働く妻と一緒に日本ツアーに参加。外資合弁の広告代理店に勤務し、デザイナーの仕事をしている。屋外広告に興味あり。日本に興味を持ち始めたのは子どもの頃に見たアニメ「鉄腕アトム」の影響かも、と。

★ツアー参加者のEさん（女性・38歳）
北京で暮らす五歳の娘のママ。夫は不動産売買を手がける。日本ツアーには家族三人で参加。日本のさまざまな「習慣」にぶつかり、トラブルを起こしながらも、周りの日本人たちに助けられて、楽しく旅ができた、という。

★ツアー参加者のFさん（女性・50歳）
上海郊外の水郷の街に住む主婦。かつては国営工場で働いていた。初海外は日本への旅となった。それまでの旅の経験は、職場の慰安旅行に参加した程度。「田舎者なので中国にいても都会に出るのが恥ずかしい」とも。

★ビジネスで訪日したXさん（男性・35歳）
北京にある外資系企業に勤める国際派ビジネスマン。業務提携のミーティングなどで海外出張の経験は豊富だが、日本へは今回が初めて。今回の同行者五人の中ではなんとなくリーダー的な存在。

★視察で訪日したYさん（男性・55歳）
福建省にある役所の幹部職員。姉妹都市からの招請で中国側機関の引率役として訪日。地元では海外通として知られる。日本には「役人たち」数名でやって来たが、中国での特権意識が抜けず、ひき起こす「さまざまな問題」に悩まされ続けた。

序章

中国人ってどんな人？

「中国人」といってもいろいろ

今、日本へは「中華系」の渡航客がたくさん来ています。しかし、見た目は中国人でも、そのすべてが中国本土からの人たちではありません。

二〇〇七年実績（国際観光振興会＝ＪＮＴＯの統計）で本土からの渡航客は年間九十四万人ですが、台湾からの渡航客はそれ以上に多く、年間百三十九万人に及ぶ巨大マーケットです。また、香港からも四十三万人が来ています。さらに、シンガポールやマレーシアにも中華系の人々がいますし、米国やカナダ籍を持つ中華系の人々が里帰りの途中に日本に立ち寄るケースも数多く見られます。

このように「中華系」の人々はさまざまな国や地域に住んでいます。そのため、国籍に関わらず中国以外に在住する中国系住民全体を指すことばとして「華人」という言い方があります。

知っておきたいのは、住んでいる地域によって、使っている言葉が大きく異なることです。中国本土の標準語である「普通話」（Ｐｕｔｏｎｇｈｕａ）と台湾で話されている「国語」（Ｍａｎｄａｒｉｎ）は微妙な語彙の違いや漢字以外に言語的な差異はありません。一方、香港では「広東語」（Ｃａｎｔｏｎｅｓｅ）という方言が使われています。また、各地方にはさまざまな方言があり、話が通じないほどの発音の違いがある。

ひとくちに「中華系」といってもこのような違いがあります。いずれの地域からの日本への渡航客も毎年右肩上がりで増加中。親日家の人々を温かく出迎えたいものですね。

7年で3倍増えた本土からの観光客

中国本土からの観光客受け入れが本格的に開始されたのは二〇〇〇年のこと。当初は、北京、上海などの大都市住民のみ渡航が許可される「ビザ発給地域の限定」という方法がとられていました。このような制限をつけたのは、一九八〇年代後半以降、就学名目や観光名目で日本に上陸、その後不法滞在してしまうケースがままあったからです。

現在は「ビザ発給地域の限定」は解除され、中国全土のどの地方からでも日本への団体ツアーに参加できるようになりました。しかし、取り扱い旅行社は政府が指定、もし失踪者が出た場合の「減点方式の罰則制度」を日本側、中国側双方の指定旅行社にも適用するなど、非常に細かい規定が設けられています。

二〇〇八年三月には、それまで四人以上の団体に限られていた観光ビザの発給要件を、二～三人の家族単独でもビザが受けられるよう規定が緩和されました。

今もなお、保証金を預けてからの出発という制度は残っていますが、先のＪＮＴＯ統計によれば二〇〇七年現在の年間渡航者数は九十四万人で、二〇〇〇年の三倍近くに増えたことになります。

欧州と日本、どっちに行く？

中国からの海外旅行の大半は「団体のパックツアー」です。個人旅行が相対的に少ない理由は、多くの国が個人旅行目的の「観光ビザの発給に慎重」だからです。中国の経済成長は毎年二桁アップと著しい一方で、激しい所得格差を生み出しました。個人事業主や不動産などで儲けた「富裕層」が増える一方、国民の九割は家族全体の年収が三十万円以下（二〇〇五年統計）ですし、いわゆる農村部には「低所得者層」も多数います。もしも無制限に許可を出したら、渡航先で失踪する可能性も否めないことから、諸外国はビザ発給条件の緩和に依然慎重なのです。

中国の通貨・人民元が各国通貨に比べ、高めの傾向にあることから、中国からの欧州行きのショッピング客も増えています。しかし、欧州連合（EU諸国）のほとんどは未成年に対するビザ発給に消極的なため「家族で行けない」と中国の人々に批判されている現状もあります。なお、米国行きの旅行については、二〇〇九年後半からのスタートで、参加には多額の保証金が必要になるようです。

本土からの中国人旅行者は海外旅行初心者

中国で外国への団体観光旅行が解禁されたのは一九九七年のこと（ちなみに日本は一九六四年に解禁）。それ以前は、留学や親戚訪問、ビジネスでの渡航のみ許可されていました。つまり「中国における海外旅行の文化」はそれほど熟しているとはいえません。

急激に伸びた「経済発展」の弊害として貧富の差が生じましたが、それと同様、海外への観光旅行の分野も他国では見られない急速な発展が生じ、一部の「お金持ち（＝富裕層）」がお金にモノを言わせてあちこちへ出掛けるという状況も少なからず起こりました。その結果、中国人客の「マナーの悪さ、公衆道徳のなさ、時間に対するモラルが低い」などの弊害を生んだこともまた事実です。

現在、日本に来るツアーの主流は「低料金の周遊型」がほとんど。しかも、達成不可能と思うほどの過密スケジュールが組まれている一方で、時間にルーズなツアー客が日程を遅延させ、受け入れ側のレストランやバス会社を困らせるという問題が続発しています。（↓コラム「ツアーはこんな日程だ！」参照）

一方、外国人との交流が深まる中で、節度を持ったマナーやモラルを理解する人々も増えています。今後はいわゆる「大声で粗暴」「傍若無人」と揶揄されるような旅行客が減ることを期待したいものです。

第1章

そんなに習慣が違うんだ！

交通機関①　出発時間を守らない

集合時間？　関係ないね。

↓大丈夫、みんなも遅れて来るし。

ツアー参加者のCさん（女性・28歳）

上海の外資系企業で、アメリカ人のボスの下で働いています。研修やプライベートで欧米に出掛けたことのある同僚もいるけど、私は初めての海外旅行先として日本を選びました。

うちの会社は中国にあるのに、タイムコントロールがとても厳しくて。私も仲間も、小さいときから時間にはおおらかな感覚で生きていたのに、ここに入社して急に時間のことをとやかく言われるようになり、数日で辞めて行った人もいるくらい。

何に対しても興味を感じる私。仕事を通じて、時間を守ることが大切だを言うことは理解していたつもりだったのに、旅に出た開放感からか、ついつい集合時間を忘れてしまうことがあったわ。

特にショッピングのときは品選びに没頭し、時間のことなど上の空。しかも、団体での買い物となると、レジに人が殺到してなかなか会計も進まないから。

そこで、同行の友だちが先にバスへ戻って「Cさんはもう少しで来ますから待ってください」とガイドに頼んだの。さすがに私一人を残して出発できないので待っていてくれたけど、その後がたいへん。堰を切ったように他の参加者が「同じ手」を使うようになってしまったの。

やがて集合時間はあってもないのと同じことに。運転手さんの困った顔が今でも忘れられないわ。

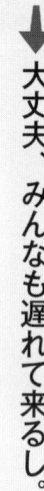

ツアーガイドAさん（男性・30歳）

日本でガイドの仕事を始めてから三年になります。お客様はいろいろ問題を起こすのですが、日本と中国のことで改めて知ることも多いので、やりがいを感じています。

「日本に行ったら新幹線に乗ってみたい」と言われるお客様もおられるので、たった十分ちょっとですけど、京都から新大阪まで体験試乗することがあるんです。

お客様が驚かれるのは、駅構内の売店の充実度ですね。そして、待ち時間がショッピングタイムに。発車ギリギリまで品定めしていて、案内人のボクはもうドキドキ。予定の新幹線に乗れなかったこともありました。

中国では列車に乗り遅れた時、次の便の手配がものすごくたいへんなので、何時間も前から列車を待つ習慣があるのに、日本に来たらどうして皆ルーズになるのかなあ？　謝りもしないで「新幹線はたくさんあるみたいだから、次のに乗ればいいじゃない？」と平気で言うのです。時間が狂ってただでさえイライラするのに、余計腹が立ちますよ。

中国での実情

「〇〇さんがまだ戻って来てないから、もう一回買い物に行って来る」。

中国の国内ツアーは、参加者がみな時間にルーズ。人が集まらないのでは、いつまでもバスは発車できない。「自分が楽しければそれでいい」という感覚の人が多く、日本人のように「他人に迷惑を掛けたらいけない」と感じる人はまずいない。

予定のスケジュールが作られていても、もともと「ない」のと同じことだ。

中国本土で中国人のツアーに参加したことがある日本人の知り合いは「ツアーは安いから試しに参加したけど、とにかくロスタイムが多くて嫌になってしまう」と言っていた。日本からのパッケージツアーとは「比べ物にならないくらい、時間の管理ができていない」。

この時間に対する寛容さが、飛行機の出発さえも遅らせてしまう。行楽シーズンのフライトは、不慣れで時間にルーズな人が多く、遅れ気味。ゲートに出発時間ギリギリにやって来て「十分前に閉まるという決まりを知らなかったから仕方がない」と悪びれる様子もない。

鉄道駅では問答無用で発車五分前にホームへの入口を鉄柵で閉めてしまう。ちょっと乱暴だなと思うのだが、定時運行には欠かせない手段なのだろう。

中国人観光客の反応

新幹線の駅で何度か乗り遅れた経験を持つガイドのAさんは「とにかくどうやって時間を守らせるかが最大の課題。旅行での開放感と物珍しさから、何か別のことに興味を持つと時間のことを忘れてしまう人が多くて」と嘆く。

Aさんはツアー客に対し、バス車内でマイクを使って日本のことをいろいろ説明する。その中で、列車は秒単位で管理されている、日本人は「五分前集合」を心がける人が多いことなどを話したうえで「だから日本では皆さんも時間を守ってくださいね」と念を押す。しかし現実には「誰もそんなことは守らないのが悲しい」と言う。

結局のところ、どんな対策を講じても時間にルーズになる傾向にあるようだ。「皆さんが早く集合すれば、その分、夕食が早く食べられますよ」などと言ったところで「食事など何時になってもかまわない」とツッコミを入れてくる客も。ややもすると、バスに長い時間乗れた方が得だと思う客もいるそうだから頭が痛い。手配を受ける側のレストランもツアーの到着が遅れることで少なからず損失を受けているはずだ。

傾向と対策

中国にいる人すべてが時間にルーズかと言えばそうではない。

経済発展が著しい中国では、外資とうまくつながって大きく儲けた個人経営者や、欧米での留学経験のあるビジネスパーソンなど「時間の管理を徹底している」人々が少なからずいる。日本への旅行に使えるお金がある富裕層にはこういう類の人が相対的に多い。ガイドがこのような「外国人とのやりとりで鍛えられた人々」を上手に味方につければ、ツアーの内側から「時間に対するルーズさ」が治って行く可能性もある。

到着遅延で「われわれがいくら損することになるか?」と金額で表現するのも一考かもしれない。損失を金額に換算すると、概して中国の人々には理解が深まるからだ。

集合時間を守るより自分の楽しみが大切。
「他人に迷惑を掛けてはいけない」という感覚はなし。
「遅延のための損失」を金額で伝えてみては。

交通機関② 電車に慣れていない人々

さっき駅に着いた電車がいない。

↓停車時間が短すぎて乗れないよ。

ツアー参加者のDさん（男性・40歳）

妻と一緒にツアーに参加しました。広告代理店でデザイナーの仕事をしています。広告の分野では日本はとても進んでいるので、この目でPOPや看板などを見てみたかったのです。

それと東京で実際に体験してみたかったのは、通勤電車に乗ることでした。

日本のドラマを見ていると満員電車の様子や、ホームで人を待つシーンなどが出てきますよね。画面に映り込んでいる広告デザインも気になるのですが、あの空間に自分の身を置いてみたくて。

でも、ツアーの日程は忙しく、夜遅くにやっと駅に行くことができました。夜十一時を過ぎても駅は人でいっぱい。これから帰宅する人もたくさんいて、予期せず「日本の満員電車」を体験できましたよ。

ドラマを見ていると、電車が駅に止まっている時間はわずかなのに、どうして大勢の人々が乗り降りできるのかなとずっと疑問でした。でも、乗ってみてその謎が解決、整然と秩序を守って乗り降りするんですね。あの見事さには感動しました。

ビジネスで訪日したＸさん（男性・35歳）

提携先の招待で日本に行きました。中国からは同僚と関連会社のスタッフ計五名で。私は海外出張に何度か出掛けたことがあるので、引率役になってしまいましたが、日本に行くのは今回が初めて。なんとなく不安がありました。

東京に着いた初日の夜。誰も日本語が分からないのに「漢字を使っている国だからだいじょうぶ」と外へ出掛けてみることにしました。

そうしたら意外や意外、あちこちにおいてあるパンフレットや交通機関の看板などは中国語で書かれていて。自動販売機にも中国語表示が出る機械もありましたし。駅員さんが日本語しか話せないのはやむをえませんが、親切に教えてくれようとする姿勢に心打たれました。

分単位で正確に動く電車は、われわれ中国人には驚きを通り越して尊敬すら感じました。ただ、想像以上に停車時間が短くて、行き先を確かめているうちに乗り損なうことが何度もありました。発車間際に駆け込んだら、五人のうち後ろの二人が乗れずに離ればなれになったことも。日本の電車はあまりにもスピーディにできていて、中国人の感覚では上手に使いこなせない一面があることもよく分かりました。

中国での実情

中国の鉄道には、いわゆる「通勤電車」というものが存在しない。北京、上海などの大都市には地下鉄が走っているが、国鉄の線路を走るのは基本的に長距離列車のみで、通勤・通学の足として使える電車は走っていない。従って大多数の中国の人々は、電車や地下鉄を日常的に使う生活はしていない。
いわゆる「役人」といわれる人々や会社の幹部職員は、公用車や社用車で自宅と職場を往復しているので、そもそも公共交通機関を使った通勤なんて何年もしたことがないかも知れない。

長距離列車の停車時間は最低五分くらい、長いときは二十分くらい停まることもある。車両の入口ごとに案内の係員が立ち、ドアは発車数分前になると閉められてしまう。中国の人にとって、列車とは「悠長な時間感覚で動いている」乗り物だ。そんな人々が、自動で開閉するドア、停車時間が一分あるかないかの日本の電車を見たらどうすれば良いのか分からなくなってしまうに違いない。

一方、あちこちの大都市で走っている地下鉄は、日本同様に分単位、秒単位でこまかく運行管理されている。上海の地下鉄にいたっては「次の電車が出るのは何分何秒後」という表示が掲げられている。「秒」単位まで見せるのは、人々がこれまで持っていた悠長な時間感覚とは正反対な気がしなくもないが。

中国人観光客の反応

中国にはさまざまな日本のテレビドラマが入っている。ツアーに参加している三～四〇代の人々の多くは、ドラマの映像から日本への憧れをふくらませて来たはずだ。広告代理店勤務のDさんもそんな世代の一人、日本で体験したかったことの一つは「満員電車に乗ること」だった。駅員が乗客の背中を押してやっとドアが閉まるという光景は、人口が多い中国の人にさえも奇異に映る。「本当にそんなことがあるのか見てみたい」と思うのも当然だろう。

中国の人々は漢字が読めるので、乗り間違いや方向間違いは意外と少ないそうだ（→文化①「筆談の効用と誤解」参照)。最近ではビジネス目的で日本を訪れる中国の人々も増えている。来て早々は駅のホームに人々が整然と秩序よく並ぶ様子に面食らうそうだが、慣れて来るとその便利さに感動するという。

傾向と対策

以前、観光目的で日本に来た中国人が、定住目的で離団してそのままどこかへ消えてしまうというトラブルが相次いだ。そのため、日本へやって来る観光ツアーの日程には、旅行会社が人員を管理しやすいように「自由時間」が設けられていない。従って、ツアー客が自分たちだけで電車に乗ってどこかに出掛けることは少ないという。

中国人が日本の電車に乗るとき戸惑うのは、停車時間がとても短いこと。列車は駅で数分停まるものと思っている人たちは、日本の人々が乗り降りするスピードにはついていけないのだ。実際に、Xさん一行は東京で電車に乗る時に途中で「切られ」てしまった。もし、中国の人々を案内する機会があったら、意外と行動が遅い人がいることを頭に入れて、自分が最後に乗り込む、人数が多かったら別のドアに振り分けて乗ってもらうなどの「対策」をしよう。特に、大きい荷物を運びながら電車を利用するときなどは要注意だ。

中国では「列車」はもっとゆっくり停車している物。日本の整列乗車に感動してたら乗り遅れる。ゆったりしている人がいるという認識で余裕を持って行動を。

自動販売機なんて嫌い。

↓分からなくて隣を覗き込むと怪しまれた。

ツアー参加者のFさん（女性・50歳）

上海からバスで二時間ほどにある小さな街から、日本へのツアーに参加しました。旅といえば、職場の慰安旅行に参加したくらいで、もちろん海外旅行は初めてです。

私たちがふだん使っている乗り物は自転車で、中国でも地下鉄には乗ったことがありません。水路に囲まれた私たちの村にはつい十五年ほど前まで車もなかったんですよ。

他のツアーの方と連れ立って、夜の東京の街に出てみました。

田舎者の私は、地下鉄の駅で大きな衝撃を受けました。中は昼間のように明るくて、切符の機械がずらりと並んでて。でも、人なんて誰もいないんです。

言葉も習慣も分からない私は、切符をどうやって買っていいのか見当がつきません。使い方を尋ねようにも、駅員さんはいません。

しばらく待ったら、ようやく若い女性が現れたので、どうやって買うのか手元を覗いてみたのです。でも、ものすごく警戒されてしまい、切符を買うなり走って逃げて行きました。なんだかとてもがっかりして、そのまま宿に戻ることに。

今でもときどき思い出す、ちょっぴりつらかった日本での体験のひとこまですね。

ビジネスで訪日したXさん（男性・35歳）

そういえば、切符の自動販売機の使い方にはちょっと悩みました。どこかの私鉄駅で見つけた「液晶画面に中国語の案内が出て来る機械」には感動しましたが、日本で初めて切符を買う時にはほとほと困りました。

たくさんの人が並んで待っているのに、自分はどうしても切符が買えない。焦ってあちこちボタンを押していたら、様子を察した後ろに並ぶ男性が助けてくれてことなきを得ましたけども。微妙に違う機械の使い方ってかえって分かりにくいことですよね？

また、非接触式のICカードは中国でも全国的にバスや地下鉄では使われていますが、新幹線の改札や飛行機の搭乗券の代わりに使われているのが興味深かったです。携帯電話の中にICチップを組み込んで切符代わりにするなんて、いかにも技術が進んだ日本ならではですね。中国でもそうなると良いですが。

中国での実情

日本では自動販売機で切符を買うのは当たり前の話だ。窓口で駅員さんから切符を買うのは定期券更新の時くらいという人もいるだろうが、最近ではそれも機械でできるようになった。

一方、中国の地下鉄の駅には、自販機の他、係員が座っているチケットブースがある。国鉄の駅には、大都市と周辺の街とを結ぶ高速列車の切符が買える機械が置いてあるが、実際使おうと思うと壊れていることが多い。

そして、自販機があるのに有人チケットブースで切符を買いたい主な理由は二つある。一つはそもそも機械の使い方が分からないから。もう一つは機械を信用しておらず「お金がつまったら嫌だ」と考えるからだ。

中国人観光客の反応

自販機に対する反応は、それぞれの中国での経験に左右される。

ふだんから、大都市で地下鉄に乗り慣れている人は、日本に来ても抵抗感なくふつうに使いこなすことだろう。

一方で想像しにくい話かもしれないが「日本で生まれて初めて自販機を使う」という人もいる。もともと中国でも使ったことがないものを、外国である日本でいきなり使えと言っても無理な話だ。これでは「切符が買えなくて電車に乗れない人」がいるのも当然のことだろう。

話はそれるが、同じ自販機でも「飲み物の自販機は便利だ」と誰もが言う。欲しいもののボタンを押すだけの自販機は分かりやすい。

中国にも飲料自販機があるにはあるが、全土には行き渡ってはいない。地下鉄の駅で切符が買えなかったFさんは「日本では飲み物が欲しいと思ったら自販機でどこでも買える、あの便利さには感動した」と言っていた。

ツアー客が自販機を見てはしゃぐのは、高速道路のサービスエリアだ。飲み物はもとより、お菓子やアイスクリーム、たこ焼きが出て来る機械もある。多機能な自販機が発達していない中国の人々の目にはどんなふうに映っているのだろうか。

傾向と対策

自販機を見たことも触ったこともない人が日本に来て、使い方が分からないのはあたりまえだ。だからといって、誰かが使っている様子を至近距離で覗きこんだら、ほとんどの日本人は不快に感じるだろうし、場合によっては警察を呼ばれるような事態になるかもしれない。他の国でなら、使い方に迷っていたら地元の人が教えてくれたりするのだが、日本人の多くは気づいても知らないふりをするのは残念だ。勇気を出して手伝ってあげよう。

機会があれば「日本では硬貨投入口が異物挿入などで詰まっていることはまずない」と自販機の信頼性を説明してあげよう。

自販機に慣れていない人が大多数。
中国にもあるけど基本的に壊れている。
イライラせずに、手伝おう。

ドアを開けておしゃべりして何がいけないの？

⬇こんな狭い部屋に閉じ込められるのは嫌。

ツアー参加者のFさん（女性・50歳）

日本に行って、ホテルの部屋がとても狭いのに驚きました。楽しい旅行のはずなのに、どうして窮屈な思いをしなきゃいけないのかと思いましたが、日本の物価や土地の値段を考えると仕方ないのかもしれませんね。

職場旅行での楽しい思い出といえば、誰かの部屋に集まって遅くまで大勢でおしゃべりしたこと。知らない人たちと一緒のこのツアーでも、やはり誰かと話がしたくなりました。

そこで私が試しに客室のドアを開けておいたら、他の人たちも次第に互いの部屋を行き来し、おしゃべりするようになったんです。慣れない日本でいろいろストレスを溜めていましたし、ホテルの狭い部屋が窮屈だったこともありますけどね。

でも日本を離れる最後の夜、他の宿泊客からクレームが来たとガイドさんから連絡が。ドアを開けて大声で話していたらもちろん文句が来ますよね。当たり前のことだったので、自分ながらとても反省しました。

うるさかったことだけでなくて、客室のスリッパで廊下を歩くのもマナー違反と聞き、ますます恥ずかしくなりました。少しは旅先でのマナーについて学ぶ必要があるなあと思いました。

ツアー参加者のCさん（女性・28歳）

「日本はとにかくサービスがいい。特にホテルが」と聞かされていた私は、宿に入るなり、館内のチェックを始めちゃったんです。

さまざまなお土産が並ぶ売店はおもしろい。地元のお菓子や食品の試食ができるし、キャラクターグッズもついつい買っちゃいました。

広い宴会場は結婚のパーティに使われると聞いたけど、実際にどんな催しなのか見たかったな。レストランや喫茶店は中国のホテルにもふつうにあるので珍しくないけど、厨房はどうなっているのか覗いてみたかったわ。

大浴場は日本ならではの施設ですね。でも、それぞれのお部屋にお風呂があるのに、わざわざ大浴場を設けるのはなぜ？

そういえば、ホテルを歩き回っていたら、係員の人から注意を受けたことが一度ありました。後でガイドさんにどうして注意されたのかと聞いたら「館内をあちこち歩き回っているのは不審だ」と監視カメラを通じてチェックされたからだって。その場はとても恥ずかしかったけど、日本のホテルの管理の良さを改めて感じることができちゃったかな。

中国での実情

経済発展が進む中国では、大都市だけでなく地方都市にも、日本のビジネスホテルと同等か、それ以上の設備を持つホテルが増えている。

設備だけは諸外国の高級ホテルに倣っていても、全体的には「一定レベル」に達していないことが多い。つまり「入れ物」だけは立派だが、運営ノウハウやホテルスタッフのスキルなどの「中身」が伴っていないし、利用客のレベルもそれほど高くない。

一方、ビジネスホテルチェーンは「きれいなベッドと必ず繋がるインターネット回線」を売り物に、格安な室料で部屋を提供、大成功を収めている。

ところで、中国のホテルでは、宿泊客が客室ドアを開けっ放しにして、人が他の部屋との間を行ったり来たりするのをよく見かける。大声でのおしゃべりも困るが、ドアを開けたまま大音量でテレビを見る人もいるのが困りもの。夜遅くまで大人数で騒ぐこともしばしばだ。

中国人観光客の反応

日本に来るようないわゆる「富裕層」は、中国国内での出張や観光旅行でそれなりのクラスのホテルを利用している。つまりふつうの日本人より「良いホテルに頻繁に泊まっている」ことになる。

そういう人々が、日本ツアーで使われることも多いエコノミーホテルに泊まると「なんだ、この狭い部屋は！」ということになる。土地代の高い日本では、客室に備え付けのお風呂はユニットバスが当たり前だが、中国ではあのような「狭いバスルーム」はまずありえない。仮にバスタブがない、シャワーのみの部屋でももう少しスペースがある。

部屋が狭くて窮屈だと感じ、ドアを開けてしまう人もいるようだ。中国の習慣では客室のドアを開けておくのは割とふつうのこと。日本に来たからと言って急にその習慣を止めるとも思えない。

部屋が狭いからといって、廊下やエレベーターフロアでおしゃべりしたりするようなことまではさすがにしないようだが。

傾向と対策

ホテル客室での立ち振る舞いをどうこうと語ったところで、プライベートな空間内で起こることをコントロールすることはできない。

しかし、中国の人々がホテルを利用する時、客室のドアを開けっ放しにすることにより「プライベートな空間」と「公共の廊下」をつないでしまうため「隣の人とのおしゃべりがうるさい」「廊下を歩き回る人がいる」といった問題が発生する。

宿泊施設としては「ドアの開けっ放しと大声での会話」に対する注意を、ガイドから事前にツアー客に説明してもらった上で、スタッフが随時館内を巡回するなどして、客室のドアが開いているところがあったら閉めるように促してはどうだろう。

中国のホテルの客室は日本に比べて広い。
根っからの話好きで好奇心が旺盛。
事前注意をしたうえで巡回を。

床で寝ろって言うの？

↓今すぐベッドを持って来て！

視察で訪日したYさん（男性・55歳）

地方都市の役所職員として働いている。今回、友好都市の視察で、初めて日本に行ったよ。引率役になったのだが「役人」たちが引き起こすトラブルにはずいぶん悩まされたね。

ともあれ日本は、とても産業が発展した国だけあって、街のインフラや建築物などは特に進んでいると思ったな。ホテルもまたしかり、設備やサービスが良く、快適に滞在できた。

困ったのは、視察先が手配してくれた日本旅館でのことだ。食事も宿もその街で最高レベルといわれるところを用意してくれたようで、外国から訪れる我々のために最善を尽くしてくれたとは思う。

しかし、習慣が違う我々にとって、大広間で座椅子に座ってお膳に向かって食べるとか、畳部屋で布団を敷いて寝るといった経験はつらいだけだったんだ。

誤解しないでほしいのは、日本旅館が悪いと言っているのではないよ。でも、外国からの友人を呼ぶにあたって、相手の習慣や風習のことを少しは考慮してほしいということだ。

ツアー参加者のEさん（女性・38歳）

日本へのツアーは、主人と五歳になる娘を連れて参加しました。海外旅行の経験はわずかですが、中国とその国との文化の違いを感じることが楽しみの一つだと思っています。

スケジュールを見たら、温泉旅館に泊まれるのは一泊だけ。でも、日本独特の畳のお部屋や旅館での食事はどんなものかと楽しみにしていました。

椅子とベッドでの暮らしに慣れている私たちには、旅館の客室は珍しいことばかり。畳敷きのお部屋に入ったら、ベッドが見当たらないのでどうやって寝るのかと思ったり。靴を脱いでから部屋に上がって、床に置かれた座布団に座ることとか。娘は部屋にあるものすべてが珍しかったらしく、あちこち見たり触ったり。

スタッフの女性が持って来てくれたお茶と日本のお菓子がおいしかったこと。手のひらに乗るくらいの小さなものですが、とても手が込んでいて甘さもちょうどいいですし。

食事は「中国の人は畳の上に座るのは慣れていないから」と、旅館の方の配慮で、椅子とテーブルのあるレストランで鍋料理をおいしくいただきました。私は刺身が好きですが、苦手な主人は鍋に入れて食べていました。娘も日本の味に満足そうでしたよ。

中国での実情

中国の人々はふだん、椅子とテーブル、ベッドでの生活だ。外履きの靴もベッドサイドまでそのまま履いて行くのがふつう。部屋を裸足で歩くのは「床が汚いのでいやだ」とこともなげに言うほどだ。

そんな人々が、中国で日本式の畳部屋や板の間に触れる機会があるのは、日本料理店に行った時。概してレストランの個室での食事は「特別な機会」に行うものと思っている人も多く、個室の評判はとても良い。

しかし、人々は座布団を敷いて床の上に座るのに慣れていない。そこで、たいていのお店では掘りごたつのようにテーブルの下に穴をあけ、普通に椅子に座る感じで食事が楽しめるようになっている。

中国では「日本式」という触れ込みで宣伝を行っている温泉ホテルもあるが、畳を使った部屋まで設けているところはまずない。床に布団を敷いて寝る習慣のない中国で、ベッドの準備がない客室を設けても利用者は少ないのだろう。

中国人観光客の反応

まず、日本人にとってあたりまえの日本旅館での習慣が、中国の人にとってはすべてが新しい体験なのだと認識しておきたい。

畳部屋に通されたツアー客が「えっ、この部屋にはベッドがない！」と大騒ぎすることもあるという。そのくらい、中国の人々には「床にふとんを敷いて寝る」と言う感覚が理解できないのだ。また、畳部屋に座布団を敷いて座ってお菓子を食べ、お茶を飲むということも不慣れでくつろげず、意外と窮屈と感じる人も多いという。

それでも、部屋に入ってほどなく出されたお茶やお菓子がおいしかった、あのようなサービスが受けられてうれしかったと感想を語る人もいる。

注意したいのは、夕食中に布団を敷くとき。夕食を食べている間に客室の中が「劇的に変わっている」ことに驚くどころか、荷物やものを勝手に動かしたと露骨にクレームを上げる人もいる。さらには「〇〇がなくなった」と旅館側と「もめる」こともあるという。

傾向と対策

日本旅館の環境は、ツアー客にとってはすべてが目新しいものだ。客室も、浴室も、食べるものも。「おもしろい」と感じてくれる人もいれば「不慣れで不便で面倒」と思う人もいる。対策と言えることは、日本での本来の作法にとらわれず、できるだけ気楽に滞在してもらえるように対応するのが良いだろう。

例えば食事なら、本来は一般の日本人向けには大広間で手配するものを、椅子とテーブルで食べられる場所に用意した方がツアー客にはより好ましいだろう。

日本式のスタイルを知ってもらおうと「畳にお膳で食事を」と言ったかたちで手配すると、かえって逆効果のようだ。中国からの招待客がその場で不平を漏らすことはないにしても、友好都市の視察で訪日したYさんのように「畳の上での食事や就寝は、ただつらいだけだった」という意見が出て来る可能性がある。

浴場が二十四時間開いていると思い込んでいる人も少なくない。レストランなども含めて施設の利用時間については、きちんと伝えておきたい。

中国では畳の上で食事や就寝はしない。
床は基本的に汚いと思っている。
日本でしかできない体験と言ってもダメなら椅子を用意。

着物みたいなパジャマは何？

↓試してみたい。でも、着方が分からない。

ツアー参加者のCさん（女性・28歳）

東京に向かう出発間際に、日本へ行ったことのある友だちから「宿には着物のようなパジャマが置いてあるんだけど、あれ恥ずかしくて着られなかった」と聞きました。でも私は「彼女が着られないものってどんなものなんだ?」と興味津々に。

ツアー最初に泊まったホテルでそれを発見、試しに着てみようと手に取ったけど、薄めの木綿の布でできた着物に帯が一本。どうやって着たらいいのか、同室の友だちと二人であれこれ試してみたの。袖を通した後、二枚の布を胸の前で合わせて帯で縛ってみたけど、ボタンがついていないし、膝下が出てしまうのでなんとなく落ち着かなくて。本当に日本の人たちはこういうものを着て旅館で寝るの?　この格好で街を歩く写真を見たこともあるけど、私にはどうしても信じられません。

結局、私は自分のパジャマに着替えたけど、友だちはそのまま寝ちゃいました。そして翌朝、彼女を見てみてびっくり、帯はほどけ、前は見事にはだけて胸が丸見え。あまりにおもしろいのでデジカメ向けたら、あわててシーツで隠していました。

ツアー参加者のEさん（女性・38歳）

温泉旅館に泊まったときのこと。各部屋に置いてある浴衣をどう着たら良いか説明を受けました。泊まったホテルには必ず用意されているので、ずっと気にはなっていたのですが、着方が分からないので触りもしなかったんです。

日本の女性は浴衣を下着の上に直接着るそうですが「それはちょっと恥ずかしい」と言ったら「Tシャツを着てから浴衣を羽織ったらどう?」とアイデアをもらいました。

意外と格好良く決まったので、ツアーのみなさんも「私も着る」と大騒ぎになって愉快でしたよ。旅館の方が娘の分の小さい浴衣も用意し、きちんと着せてくれて。

温泉で浴衣を着て、主人と三人で収まった写真は、日本旅行の思い出の一コマとして、我が家に大きく飾ってあります。

こういうものを着られるのは、日本ならではの体験ですよね。その後泊まったホテルでも、私は中国から持って来たパジャマではなく、毎晩浴衣を着ていました。せっかく日本に行ったんですからね。「あんなの着るの、恥ずかしくて」と、まったく試そうともしない人がいたのはとても残念に思いました。

中国での実情

いわゆる「着物」の歴史をたどると発祥は中国なのかもしれない。でも、日本にあるようなスタイルの着物は現代中国では見かけないし、浴衣のようなつくりの衣類は使われていない。

日本ツアーの宣伝用パンフレットや映像などで、温泉街を浴衣や丹前姿で歩く女性の姿が紹介されているので「日本に行ったら、こういう格好ができるのかな？」と期待する人もいるようだ。人々はふつうパジャマで就寝する。部屋着がパジャマという人も少なくないし、夜遅くや週末にはそのままの格好で近所に買い物に行ったり、軽い食事を取る人がいるのも驚きだ。

また、高級ホテルの客室やサウナなどではバスローブが使われている。浴衣と比べて、タオル地で分厚いためなのか、バスローブを着るのに抵抗があるという意見は今まで聞いたことがない。

中国人観光客の反応

Eさんのように「泊まったホテルには必ず用意されていたから、気にはなっていたが、着方が分からないので触りもしなかった」という反応が割と一般的なようだ。つまり、浴衣に興味は持っていても、着方を知らない、着てもはずかしいなどの理由で試す人は少ないのが現実だ。

ただ、せっかく日本に来ているのに、浴衣に袖を通さないのはもったいないと、ある旅館では従業員がツアー客に対し、積極的に「浴衣の着方」を教えているという。しっかり着せて、写真を撮れば、ツアー客には忘れられない思い出の一つになるだろう。

バスローブなら着られるのに、浴衣はダメという感覚もおもしろい。そのあたりをCさんに聞いてみたら「確かにそうですね。私もスポーツジムでは、サウナから上がって一休みのときは、バスローブを着ますね。下着も付けないで」と笑いながら話してくれた。「あの布の薄さが不安なんですよ。なんだか外から見たらスケスケな感じで。やっぱりあれを着て寝るのは私には無理」だと。「でも、もし友達の誰かが日本に行くって言ったら、一度あれを着て寝てごらんって言いますね。翌朝どんなことになっているかが楽しみだよって」。

傾向と対策

ガイドのAさんは「みなさん、浴衣にはとても興味を持ちますね。ある旅館では、ボクが説明をしながら、浴衣の着付けをレクチャーしたんです。そうしたら、ツアー客が大喜びしたことはもちろん、旅館の皆さんもとても楽しんでくれたんです。言葉が通じない人たちにあんなに喜んでもらえたって」とうれしそうに語る。この旅館では、その後もガイドさんの力を借りながらツアー客に「浴衣着付けレクチャー」の時間を設けることにしたそうだ。

ところで、中国にはよく知られている「一人っ子政策」がある。その弊害で、過剰かと思うほど、親たちが子どもをかわいがる傾向がある。浴衣を大人が着なくとも、子どもにきちんと着せてあげると親たちは大喜び。他のツアー客が「お子さんと一緒に写真撮らせてください」という人まで出て来そう、場が一気に和むことうけあいだ。

浴衣と同じスタイルの着物は中国にはない。
パンフレットで見た浴衣姿に興味がある人も。
子どもに着せてあげると親が大喜びに。

バイキングなのに好きなだけ取っちゃダメって？

➡朝でもしっかり食べたいのに。

ツアーガイドAさん（男性・30歳）

宿泊施設の方々がよく問題にされるのは朝食のバイキングのことです。

長年、日本人のお客様に普通に食事を出す経験しかない従業員の方々にとって、中国人の習慣はたぶん理解しきれないのだと思います。

そもそも食べる量がぜんぜん違います。「朝からこんなに食べるの？」と思うくらい。経験的に「この人数ならこのくらい」と準備されるようですが、たいていは足りないんです。並んでいるおかずを片っ端から山盛りにして取る人も珍しくありません。ご飯も三杯くらいは軽く食べてしまいますね。ダイエットを気にする女性もいるにはいますが、日本のヘルシーでおいしい食事には食欲が出て当然。ボクでさえびっくりする量を食べますよ。

そのほか、中国でスナックとして親しまれている味付け海苔は、置いてあればあるだけ全部持って行っちゃうんです。一方、中国では食べる習慣のない納豆や生卵には誰も手を出しません。

残念ながら、中国の人々は「たくさん食べられる時にできるだけ食べておこう」と思う人がまだ多いんです。日本語で言う「加減」を知らない人も多くて。ときどき恥ずかしくなるんですけど……。

ツアー参加者のCさん（女性・28歳）

日本では全部で六泊したのですが、嫌だったことの一つは、他のツアー客たちの「朝食ビュッフェでの立ち振る舞い」。

私の中での「ビュッフェ（バイキング）」とは、普段食べられない料理を週末に高級ホテルで優雅に食べることだと思っているの。

一方、地方の食堂でもよく「ビュッフェ」をやっているけど、だいたいどこも大勢の人たちが大声でおいしいとかまずいとか言いながら、おかずを食べきれないほど取る。私には下品なしぐさに見えて我慢できない。

この光景がまさか日本のホテルで再現されるとは思わなかったわ。三十名ほどの集団が、傍若無人に大声で騒いで、食べもしないものまでたくさん取って。他の日本人のお客さんも嫌がっているし。その場にいるのがいたたまれなかったの。

最後の日は、ホテルの方にお願いして、団体用とは別のカフェで朝食を食べることにしちゃった。決して安いものではなかったけど、日本のホテルの優雅なサービスが味わえて、良い思い出になりました。

中国での実情

中国ではバイキングは「自助餐」と言い、特に地方都市で親しまれている。決まった予算で、好きなだけ食べられるシステムが人気を集めている。ただ「加減」を考えずに、食べられないのにおかずなどを取りすぎた人には「罰金を徴収する」と書いているお店もある。まれに、並べられた食品をお皿に取るのではなく、直接口に入れてしまう人も見かける。

ホテルの朝食は、宿のランクに関わらずバイキングスタイルが一般的。日本のホテルの朝食バイキングより並ぶ料理の種類は多めだ。中国料理がメインの朝食ならお粥や肉まん、卵焼きや漬け物といったラインナップで、洋食がメインの朝食は日本のホテルと基本的に同じようなものが出される。なお、日本人や韓国人に対する配慮から、たくあんやキムチが並ぶ朝食も珍しくない。高級ホテルのランチでもビュッフェが多い。

ちなみに、中国で人を招いたときは、食べきれないほど出すのが礼儀で、客は少し残すことで満足の意を表すという習慣がある。たくさんのおかずが山盛りに並ぶバイキングなら、視覚的な満足度は高いはずだ。

中国人観光客の反応

朝からたくさん食べたい中国の人々には、朝食は欠かせない。日本人の感覚では想像できないほどの量をぺろっと食べてしまう。ガイドのAさんが語るように「朝からこんなに食べるの？」という人たちに対し、バイキングなら、さまざまなおかずが選べるし、量についても存分に取ることができる。

味付けについては、日本風の「うす味」よりも、中華風の油っこくて辛味も効いたおかずの方が喜ばれるようだ。また、生卵や納豆は試そうともしない。意外なのは、みそ汁のみそが濃くて塩辛いと感じるらしく、飲めないという人もいる。

ここでも困るのは、傍若無人な振る舞い。「これがおいしい、あれはまずい」と大声でおしゃべりしながらおかずを取っていく。このおしゃべりがトラブルにも発展しかねない。

さらに問題なのは、食品の持ち帰り（持ち出し）だ。ツアーの途中でお腹がすくのは困るからとパンやゆで卵、バナナなどを持って行ってしまうそうだ。旅館主の一人は「どこかで注意したいんですけど、あまり露骨に言うと嫌われますしね。どうしようもないです」と嘆いている。

傾向と対策

たくさん食べる中国の人たち、とにかく分量は多めに準備したい。中途半端に少ないと不満が出てくる可能性大。一方、手の込んだものを作る必要はあまりないようだ。

また、中国の人々は日本食の味は全体的に「淡白だ」と感じるので、七味、わさびなどの香辛料を多めに用意すると喜ばれる（→食事③「香辛料の用意は必須」参照）

主食はパンとご飯のどちらが好まれるか。中国では菓子パンも食パンも広く普及しているが、日本のご飯は特においしいからと好まれる傾向がある。

生野菜のサラダが食べられない人も比較的多い。だからといって、野菜を焼いたり、茹でたりした「温野菜」は中国の人々にはあまり親しみがない。もし野菜を使った料理を食べてもらいたいと考えるなら、むしろ野菜炒めの方が適している。

中国の人は、朝からたっぷり食べる。食べきれないほど出すのが中国の礼儀。簡単でも良いので、とにかくたくさん用意しよう。

冷めた料理なんか出すな！

↓遅れて来たのはこっちだけど。

ツアー参加者のEさん（女性・38歳）

大阪へのバス移動の途中で、昼食のためにレストランに立ち寄りました。建物の外見は日本の伝統的な家屋の雰囲気なのに、中はとても現代的できれいだったのが意外でした。

私たちのために用意された食事は、ご飯やさまざまなおかずが仕切りのついた箱に入ったものでした。スープは別のお椀で出されましたけど。色とりどりのおかずが少しずつ入っていて、目にも美しく、日本人の細やかなセンスを感じました。

娘には、子ども用の別メニューが作ってありました。子どもがいかにも喜びそうな洋風のおかずがお皿に並べられていて、正直言えば私が食べてみたかったくらい。中国ではなかなかこういう配慮は見られません。

着物姿のマネージャーみたいな女性の方と一緒に写真を撮りました。実際に日本の着物を着た人にはなかなか会えませんし。ほかのツアーの方も次から次へと「一緒に撮ろう」と声をかけていましたけど、お店の方に迷惑にならなかったかどうか心配です。

ツアー運営会社のBさん（男性・43歳）

私は、以前中国で日本人の観光ツアーを受け入れる仕事をしていました。その後、日本人女性と結婚。日本に帰化してから、こちらでは中国人ツアー客の日本への旅行手配をしています。

ツアーの日程運営で意外と苦労するのは食事の手配です。特に、長距離移動の途中とか、都内での観光の後にランチを挟むケースでは、予約時間から大幅に遅れてレストランに到着することも少なくないからです。

ランチに何時間も遅れてレストランに着いたら、お腹をすかしたツアー客がお店に入ってどのように騒ぐか想像してみてください。日本人に分からない中国語を使って大声で「早くしろ」だの「○○がほしい」だの。

さらに頭が痛いのは、食事が終わってお店の人がやれやれと思う頃、ツアー客が着物姿の仲居さんと写真を撮りたがること。確かに着物を着た日本人なんて珍らしいので、一緒に撮りたい気持ちも分かりますが「忙しい時に写真なんて勘弁してほしい」と思っている仲居さんも多いのだと思います。

わたしは、中国人団体の時間のルーズさと立ち振る舞いが嫌われて、中国人ツアーの立ち寄りを拒否するレストランが出て来ないかと気になっています。

中国での実情

たくさんの日本人が住む上海だけでなく、中国の至るところに日本料理店が増えている。すでに日本の中華料理屋のように親しまれているほどだ。しかし、地元の味の好みに同化してしまい日本食とは似ても似つかぬ料理を出しているところも少なくない。

日本人ビジネスパーソンの多い地域では、日本国内にある街の定食屋と変わらない本格志向のメニューを用意しているお店もある。幕の内弁当のような箱に入れてサービスすると「いかにも日本っぽい」とウケが良いようだ。

五歳の娘を連れたEさんは、旅行中、ランチのお店で「お子様ランチ」が出て来たと感激しているが、こういったものを用意できる中国のお店はまだ稀だろう。

給仕のスタッフが着物のような服を着ている店もあるが、しょせんは偽物。そして中国の人々が身近で着物姿の人を見ることができるのは、ツアーで出会う料理屋の仲居さんか、旅館の女将さんくらいだろう。

中国人観光客の反応

初めて着物を着ている人を身近に見たツアー客が、料理屋で大騒ぎする気持ちは分からなくない。一緒に写真を撮りたくなるのも当然だろう。ただ、問題はそのTPOだ。自分が一度興味を持ってしまうと、周囲のことが見えなくなって、相手の迷惑など考えず……という振る舞いを中国の人はしばしば起こす。

しかも、そのお店に予定時間から大幅に遅れて到着したといったケースではどんなことが起こるだろうか？　日本人のサービス業に携わる人は、お客に対して露骨に嫌な顔はしないだろうが、決して良い気分ではない。ただでさえ忙しいのに、遅れてやって来てお店で大騒ぎ。果ては写真まで一緒に撮ろうと。ツアー客自身には罪はないのかもしれないが。

中国の国内旅行でも、人々は傍若無人に、大声を出し粗野な振る舞いをすることがある。そういった行動を起こすツアー客に対し、ガイドは止めに入るべきなのだろうが「お客の不興を買うと車内販売の売り上げに響く」と行動を起こさない。これではいつまで経っても状況は改善しないだろう。

傾向と対策

このような「ツアー客の遅着」で、店側が大きな迷惑を被ることも少なくないと思われる。例えば「再び温め直す手間が増える」くらいならまだしも「せっかく用意しておいたのに、遅れて来たので作り直さざるを得なかった」とか「テーブルの数の都合で、他のお客様に迷惑を掛けた」といった「目に見える損失」を受けたなら、きちんと伝えよう。

中国の人は冷たくなった食事はまず食べない。弁当をバスの中で食べるなんて、とんでもない話。また、いくらツアーが遅延していても、三十人ほどの大人数が満足するまで食事をしたら、一時間はかかる。中国の人々にとって、食事の時間はそれだけ重要なものなのだ。

食事で満足してもらえるかどうかということは、日本にまた来てもらえるかということの重要なポイントとも言える。お子様ランチに着物など、日本でしか体験できないことを提供するよう心がけてはどうだろう。

どんな状況でも食事は大切。
冷たい食事は絶対ＮＧ。
お子様ランチや着物など工夫して、中国人の胃袋をつかもう。

たこ焼き買って店に入って何が悪い？

↓食べられるものを出さないあんたが悪い。

視察で訪日したYさん（男性・55歳）

私たちの視察団員の中で「外国に行くたびに問題を起こす人」がいる。彼は海外に行く前になると、「いやー、オレは外国のご飯食べられないから」とありとあらゆる保存食品を用意するんだ。

今回の日本訪問の時には「日本はお米がとてもおいしい」と、レストランに行くごとに自分が持って来た漬物を平気でテーブルの上に出してご飯と一緒に食べてたよ。ついには周りの団員に「ウチで作ったこれ食べてよ」と勧める始末。自分の部屋か、せめて移動中とかに食べてくれれば良いのだが、レストランで食べるのはさすがにおかしいよな。

ガイドさんが「レストランの人に失礼だから、持ち込んだ食べ物をここで食べたらダメ」と繰り返し注意しても、彼は素知らぬ顔。「オレが食べられるものを用意しないあんたが悪い」とまで言い返すんだ。

旅行中、お腹がすいて困る気持ちは理解できるが、マナーやモラルを守るのも大切なことだ。引率役の私はとても恥ずかしかったよ。

ツアー運営会社のBさん（男性・43歳）

手配先のレストランから「よそで買って来られた食べ物をうちのレストランに持ち込んで食べるのは勘弁してほしい。ツアー客に注意徹底してほしい」というクレームがよく上がってきます。

実際にどんなことが起こっているのか、と調べてみて驚きました。

中国から持ち込んだ食品を食べているのかなと思ったら、なんと日本に来てからコンビニなどであれこれ買って、それを持ち込んでいるみたいなんですね。

「食事の量が少ないから、何か持ち込んで一緒に食べないと足りない」って言うお客様もまれにいますけど…。

コンビニのおでんやおにぎりなどを持って来て食べるのはまだかわいいもので、お店の人に「ここでカップ麺食べたいからお湯ちょうだい」って言ってみたり。そもそも、中国では持ち込んで食べることが寛容に認められているからでしょう。しかし、これではレストランからクレームが来ても仕方がないなあと思いました。

一度や二度なら「しょうがないな」って思ってくれるんでしょうけど、私のところまで電話が来るということは、かなりの頻度でこういう問題が起こっているんでしょうね。

中国での実情

中国では「何かよそで買ったものをお店に持ち込む」ということが比較的寛容に行われている。中級クラスのレストランへも、平気で持ち込む人がいるくらいだ。ところが、近年ではこうした傾向は良くないと「当店が提供する以外の飲食物をここでとらないでください」という看板を出すところも増えている。

ただ、中国の人々が海外に行った時、食事が口に合わない問題は深刻らしい。日本はお米のご飯をお箸で食べる国で、食文化上の差異は比較的少ないが、欧米に行くときは「食事回数分のカップ麺を持参する」という人も実際にいるそうだ。

こういった習慣やマナーの問題ではなく、宗教的な問題で「外部の食品」の持ち込みが禁止されている場所もあるから注意が必要だ。中国には、意外と多くのイスラム系の人々が住んでいて、お酒を飲んではならない、豚肉を食べてはいけないといった戒律を守って暮らす人々がいる。宗教上の理由による食事制限という問題は日本人にはなかなか理解しにくいかもしれない。

中国人観光客の反応

「そこで買った『たこ焼き』持って、お店に入ったら怒られちゃった」。

食事の前だというのに、ふと目に入ったたこ焼きが気になったFさん。すかさず買って、そのままレストランへと持ち込んだら従業員に怒られたらしい。ちなみにたこ焼きは中国でも市民権を得ていて、マヨネーズとわさびを付けて食べるのがおいしい（これが日本風だと誤解されているが）とされている。

「出される食事が口に合わないかも」と心配するツアー客は意外と多い。ふだんから日本料理に慣れ親しんでいるCさんでさえも「もし、何か不慣れなものが出たら嫌だなとコンビニでスナック類を買い込んだ」という。「結局、出て来るものすべておいしくて。買ったスナックもバスの中でボリボリ食べたからものすごく太っちゃった」そうだが。

カップ麺を携えて日本を回るツアー客が本当にいるのだろうか？　いつもと「食事が変わると具合が悪くなると信じている類の人がいて……」ガイドのAさんも不思議に思うらしい。

傾向と対策

仮にツアー客が自分の店に何か食品を持ち込んだ時にどう対応したらよいのだろう？

まちがっても「ウチの料理のプライドを傷つけられた！」といった過剰反応は無用だろう。持ち込んでいる側には罪悪感も、モラル違反の気持ちもない。単に「たまたま食べ物を手にしている時に、この店に入っちゃった」くらいの感覚でしかないからだ。とはいえ、他のお客様の手前や、日本での一般的な習慣に照らしてみた時に、多少のことは「大目に見る」のか、不愉快だから「止めてほしい」と言うのか、方針は決めておいた方が良いだろう。

中国の人々に、日本の味を食べてもらう、地元の味を楽しんでもらうというプレゼンテーションは大切なことだ。かといって、中国の人々の好みとかけ離れてしまっては意味がない。好き嫌いを尋ねてみるなどして「メニューに興味を持ってもらう」工夫をしてみてはどうだろう。

店への持ち込みは中国ではOK。
食事が口に合わないのは、深刻な問題。
黙って怒らず、ルールをきちんと伝えよう。

シェフを呼んで！　味がしないんだけど。

↓七味を1瓶持ってきて。

ツアー参加者のFさん（女性・50歳）

日本に行って困ったのは食事のことでしたよ。

中国も日本もお箸を使ってご飯を食べる国だから、食事のことは大丈夫と思っていたのですが、行ってみてびっくり！　どの料理も味がないんです。

私が住んでいる地域では、油を多く使って強い香辛料もたくさん入れた料理を食べているからだとは思うんですけど。国内でも広州など南の方の料理を食べると、なんとなく甘ったるい気がするんですね。

あるお店で、テーブルの上に置いてあった唐辛子の粉を瓶半分ほどおかずにかけてみたんです。唐辛子の香りはいまひとつでしたが、辛みが増して食が進みました。

でも、油分が少ないのは正直つらかったです。一度、とんかつを食べてみましたが、油は使ってあるけどおいしいとは思えなくて。それに、生の野菜が一緒に出て来て、それで余計食欲をなくしてしまいました。人によってはおいしいと感じる料理なのかもしれないですが、私はダメでしたね。

ツアーガイドAさん（男性・30歳）

日本料理について「味は淡白」とか「油分が少ない」と感じるお客様は確かに多いですね。露骨に「これ、まずい!」って怒鳴る人もいますけど……。一方で「ふだんから日本料理を時々食べているので、本場のおいしいものが楽しめてうれしい」って言う方もいるんです。

一つのグループの中で極端な「味覚や嗜好の違い」があるのは、現場に出ているボクにとって困ることですね。

レストランの人に「中国の人にも喜んでもらえるようなメニューを考えているんですよ」と聞くと嬉しいです。でも、いきなり七味や一味をいっぱいかけて食べるお客様を見るとがっかりします。お店の方の好意を無にしたみたいで。

また、日本料理イコールわさびをつけるものと勘違いされているお客様もいます。なんでもかんでも「わさび持って来て」っていうんです。そして、しょうゆと混ぜてありとあらゆるおかずにつけてみたり。食べ方が分からないのは仕方がないのですが。

食文化や習慣の違いって、解決の難しい問題でしょう。でもボクは「中国のお客様のために努力している日本人がいる」ことをみなさんに伝えて、そのままの味を楽しんでくれたらいいなと思っています。

中国での実情

中国は広い。北と南、西と東では気候や風土の違いがあって、料理にも極端な地域差がある。俗に四大料理、八大菜系という区別があり、中国全土的に見て行くと、塩味と濃いしょうゆ味、うす味と強い唐辛子味、海鮮料理と肉料理、米食と麵食といったような差が見られる。

例えば、唐辛子と山椒を効かせることで有名な四川料理は辛くて食べられない広東の人がいる一方で、四川の人は上海料理は甘くて食べられないと言う。また、広東料理の飲茶（ヤムチャ）点心レストランで北京の人が食事をしていることを見たことがない。つまり、各地方料理といえども、実は違う国の料理ぐらいの味覚差がある。

ところで、日本食のメニューの中でどんなものが好まれるだろうか？

中国で普及している日本料理は、一つは回転寿し、もう一つはラーメンだ。「中国の人は生ものが食べられない」という定説があるのにお寿司が好まれるというのもおかしな話だが、実際には生サーモンのにぎりや巻物が好きな人が多い。しょうゆが緑色になるくらいまで念入りにわさびを混ぜ、それを付けて食べるのが「中国流」だ。

中国人観光客の反応

日本への憧れや興味からツアーに参加した人は、たとえ食事がまずかったり、口に合わなかったりしても、それなりに楽しめるようだ。一方、研修や視察目的などで自分の意志とは無関係に日本に来た人は、食に対して文句も言いがちだ。

四川の人に日本に行ったときの話を聞くと「すべての料理に味がない。一体どうなっているんだと思った」という。また、北京の人は「もうちょっと香辛料が欲しい」というし、地元でふだんから割と「うす味」の料理を食べる上海や広州の人は日本料理に慣れているので「これはおいしい」と思うことだろう。

ところで、日本食を出したときの反応はどうだろう。

刺身が出て来たら中国でのわさびの使い方そのままに、日本人には信じられない分量のわさびをしょうゆに溶かして食べるだろう。何から何にまで七味や一味をかける人もいる。例えば、しゃぶしゃぶのたれに唐辛子を大量に入れたりもする。

傾向と対策

丹精込めて作った料理でもお構いなく「日本の料理の味は薄い」と決めつけ、いきなり「七味」をどっさりかけてしまうツアー客は割と多そうだ。しかし、食べ物に対する嗜好の違いはどうしても埋められない。

また「日本料理への理解や食べた経験の有無」で、日本での食の楽しみ方も違って来る。

たとえツアー客が、日本人の感覚とは異なる食べ方をしたとしても「おいしく食べて満足してもらう」ことが一番大切だ。香辛料をたくさん用意して喜んでもらえるならそれで良し、あえて思い切って味付けを変えてみるのが最も適切な対応策なのかもしれない。

広い中国。味覚は実に人さまざま。
正しい日本料理を押しつけず、
お客様がおいしく思えるよう努力をしよう。

私は寿司、彼にはハンバーガーを。

↓みんな全然違うものを食べるの。

ツアー参加者のDさん（男性・40歳）

プライベートの旅行はたいてい妻と二人で出掛けます。

世界各地の珍しい風景を眺めたり、名所旧跡を巡ったりするのはとても楽しいのですが、食事のことを考えるとたんに憂鬱になるんです。やはり、生まれてからずっと中国の味に慣れ親しんできたから、いくら「どこどこの名物は何々」と言われても心が動かないのです。友人たちに「残念だ。どうして現地のおいしいものを食べなかったんだ？」といぶかられるんですが。

僕も妻も日本料理は嫌いではありませんが、毎日食べるのはちょっとつらいです。

今回、日本に行ってみて驚いたのは、ツアーの食事が中国人向けにアレンジしてあることでした。ひとことに中国人と言っても、出身地によって食習慣は大きくちがいますし、食べ慣れている食材も違います。でも、ビュッフェ（バイキング）なら、人それぞれの味の好みでおかずを自由に選べ、しかも量も調節できますからね。

日本料理はツアー中に一、二度あれば充分ではないでしょうか。美しく、繊細に作られる料理には興味がありますが、少量が何回にも分けられてサービスされると全体量が分からないので落ち着きません。

ツアー運営会社のBさん（男性・43歳）

ツアーで準備する食事については、中国からの観光客の受け入れが本格的に始まった二〇〇〇年頃から私たちの頭を悩ます大きな問題でした。

当時、日本の業界の人々は「訪日観光客は日本料理を食べることが当然」と思っていたようです。私たちもその方向性を信じて、積極的に各地のリーズナブルで特色ある日本料理店を探し、実際に利用するところまでこぎ着けました。ところが中国の旅行会社から上がって来るレポートには「味が淡白」「辛味が足らない」「油分が少ない」「炒め物が欲しい」などとても好意的とはいいがたい話ばかりが伝わって来たのです。さらに「食事はお腹がいっぱいにさえなればそれで十分」と思っているツアー客が意外に多いと分かりました。

これでは、作る方も食べる方も不快だろうという結論に。いろいろ考えた結果、中国人にも食べやすい「旅行客向けのバイキングを出そう」ということになったのです。もっとも「日本食を食べたい」というお客様からのクレームもあるのですが。

中国での実情

先に「ホテル・旅館④朝食バイキング」の項目で、バイキングスタイルのレストランは、中国では割と一般的だと紹介した。さまざまな味が楽しめ、好きなだけ食べられるので、地方都市ではよく行われている。

ところで、中国にある飲食店は、すべて中国料理系かといえばそうではない。いわゆる、ファストフードや洋食レストラン、カフェも増えている。中国の子どもたちは、伝統的な中華系の味よりも日本と同様にハンバーガーやパスタを好む傾向が出て来ている。とはいえ、全体を眺めると人々は味覚に対しては割と保守的で、特に四〇代以上は伝統的な中華を好むようだ。

地域による味覚の差とは別に、年代による好みの差も出て来た今、いろいろな味を一カ所で楽しむのに、バイキングスタイルのお店が喜ばれるのは当然の流れと言えよう。

中国人観光客の反応

おしなべて保守的な食習慣を持つ中国の人々に対し、一方的に日本食を勧めるのは反感を買う可能性が大きい。「ツアー中、数回は食べても良いけど、毎日は困る」と言うDさんのような意見が大勢を占める。

手配担当のBさんによれば、二〇〇〇年の解禁以来しばらく、日本へのツアーグループは、中国の一つの地方の人々がまとまって構成されていることが多かった。金銭感覚や食習慣が割と似ている人々のグループなら、その好みに合わせて食事の手配をすればよかったという。しかし、最近では一つのグループが中国のさまざまな地方からやって来る人々の混成チームになっているため、食事の手配がより難しくなったのだそうだ。主食一つとっても、地方によって麺かご飯かが異なる、そんな人々を一つのグループにしてツアー運営を行うのは並たいていの苦労ではないだろう。

そこで採用されたのがバイキングスタイルでの食事だ。これなら中国のどこの地方から来ても、日本食が嫌いでも、たくさん食べたい人でも、子ども連れでも、いかなるタイプの人が来ても対応できるメニューが揃えられている。

せっかく日本にいるのだから、もっと日本料理をという声も聞こえて来ると言うが「結局のところ、おいしく食べてもらうには バイキングが一番」と、今のところはそういう結論に落ち着いている。

傾向と対策

よく調べてみると、このようなツアー客向けバイキングレストランは、日本生活の長い中国人によって経営されているという。中国人訪日客マーケットに食い込みたい日本人経営者もいるだろうが、安い料金設定やいわゆる「コネ」の問題で、なかなか入って行くのは難しい。

しかし、このような中国人ネットワークが強固に組まれているのは、大多数のツアー客が訪れる「東京〜大阪間ゴールデンルート」の沿線でしかない。もしも地域振興の目的で、中国人団体の誘致を狙うなら、地元特産品を使った中華風惣菜を前面に出したバイキングを考えてみてはどうか。今、安全でおいしい日本の野菜や畜産品は中国でも好評だ。地元産の新鮮な材料でおいしい食事を安く出すというプランは歓迎されるだろう。

世代間でも食習慣が全然違う。
中国人は、食に関して超保守的。
安全な日本の食材を中華味のバイキング料理にしては。

寿司屋なのにテーブルが回ってないよ！

↓やっぱり寿司はサーモン、ラーメンは豚骨だよね。

ツアー参加者のCさん（女性・28歳）

上海で頻繁に日本料理店に行っている私。オーダー式食べ放題の店で、あれこれ頼んで食べるんだけど、日本に行ったら「あの料理が本当の味かどうか」確かめてみようと思ったの。

ところが、ツアーで出される料理は割と中華風が多く、ちょっとがっかり。そこで、同行の友だちと考えついたのは、夜、宿から抜けて大好きな日本食を食べられるだけ食べてみよう、って。

夜遅くにどんな店が開いているのかよく分からずに街に出たけど、居酒屋や牛丼屋、天丼屋など、安い値段で満腹になるお店がたくさんあって楽しかったわ。特に居酒屋にある料理の写真が載っているメニューは、日本語が分からない私には便利。

回転寿司屋では、見たことのないお寿司がいろいろあって面白かった。中国でよく食べる「サーモンのお寿司」が意外と少なかったのと、日本ではお醤油にわさびをいっぱい混ぜて食べる人はほとんどいないことに気がついたけど、これって味覚の違いかしら？

ツアー参加者のDさん（男性・40歳）

宿に入った後、夜、何度か街に出てみました。電車に乗るのも楽しかったのですが、興味を引いたのは駅のホームにあるおそば屋さんでした。

匂いに誘われて、僕も店に入ってみました。

ところが、どうやって注文をしていいのか分かりません。電車の切符を買うときと同じ様に、おそば屋さんにも自動販売機が置かれているのです。しかもボタンがたくさんあって、どれをどう押していいのか、料理のことも日本語も分からない僕には見当もつきません。しばらく他の人の様子を見ていたんですが、それでもよく分かりませんでした。

仕方がないので、適当な値段の切符を買って、お店の人に渡したら何か聞かれて……。今から思えば「おそばかうどんか」を尋ねられたみたいです。

食べてみたらなかなかおいしかったです。ほんとは天ぷらが載ったのが食べたかったんですが、僕が頼んだのには薄く揚げた豆腐（あげ）が載っていました。でも、麺やスープもしっかりしていて、ほんとにおいしかったです。

夕食後でしたが、ちょっとお腹がすいていた僕には量的にもちょうど良かったのですが、日本の忙しいビジネスパーソンはあの麺一杯で夕食は終わりなんですか？

中国での実情

上海をはじめ、大都市には日本人ビジネスパーソン向けの居酒屋や焼き肉屋など、さまざまな日本料理店がある。一方、地方都市でも地元の人向けの日本料理店を多く見かけるようになった。

中国の人々の間で流行っている日本の味と言えば、回転寿司と豚骨ラーメンだ。ただ、いずれも寿司やラーメンだけを扱っているのではなく、さまざまな定食や一品料理も出していて、お店によっては居酒屋のような豊富なメニューを取り揃えているところもある。ファストフード系も大都市に増え、牛丼屋やファミレスも幅を利かせている。

ユニークなのはオーダー式の食べ放題だ。一人いくらと決まった料金を払えば、寿司でもステーキでも、好きなものをいくらでも食べられる。味も意外と本格的で「外国で食べる日本食はおいしくない」という定説を見事に覆すほどだ。

ちなみに、中国から日本に向かう飛行機の機内食の和食メニューも年々おいしくなっているような気がする。

中国人観光客の反応

ツアーで出される食事は「万人ウケ」するように、バイキングスタイルのレストランを手配することで集約されつつある。しかし、せっかく日本に行ったなら、たとえそれが回転寿しでも本場の味を楽しみたいと誰しも思うことだろう。

しかも、回転寿しのシステムは基本的にはどこでも同じ。回って来たものを取れば良いという簡単、単純なルールは観光客にも分かりやすい。

ユニークなのは、中国で大規模なチェーン展開をしている某豚骨ラーメン店を日本で探す中国人の話だ。中国では「同店の生ラーメン」が外資系スーパーなどで市販されているほど知名度が高い。日本にあるお店で本場の味を食べてみたいと思うのも当然だろう。しかしこのラーメンチェーン、九州に本店があるそうだが、東京や大阪で店舗を見たことがない。しかも、豚骨ラーメンは関東でも関西でも主流ではない。例えば、都内でしょうゆ味やみそ味のラーメンを食べたとして、中国の人々がおいしいと感じるかどうか。ちょっと心配だ。

傾向と対策

外国にあるレストランで、料理を選ぶことを想像してみよう。たぶん、文字しか並んでいないメニューではお手上げという人も多いことだろう。それを思えば、日本食の知識や注文方法を知らない中国の人々にとって、日本ならではの写真付きメニューや店頭のサンプルはとても重宝しているに違いない。

中国の人々は夜食を食べる習慣がある。ツアーで手配される料理が中華風すぎてつまらないから、本当の日本の味を食べたいという人は、夜、ホテルを抜け出して食べに行くくらいしか手がない。

ところで、中国の人々が店に来たらどう対応すれば良いだろう。店員みずからが中国人のお客に対し「この人たち、日本の習慣を知らないから面倒だ」と思ったらアウトだ。そういう態度は簡単に相手に伝わってしまう。

中国で日本料理と言えば、回転寿司と豚骨ラーメン。やっぱり本場の味も試してみたい。写真付きメニューを用意しよう。

お寺なら中国の方が古いわよ！

ドラマで見たあの場所はどこ？

ツアー参加者のFさん（女性・50歳）

日本に行く前、旅行日程の中身なんてほとんど読まなかったんです。確認したのは、東京に入って、大阪から帰るということだけ。観光場所なんて紙を読んだって私の知識ではどんなところか分からないですし……。

東京は、新しいビルがいっぱい建っているのに、小さな木造の家もたくさん並んでいたりして、中国の街の雰囲気とはまったく違う印象を受けました。でも、都会って私にとってはしょせん北京や上海と一緒で、人が多いだけであまり楽しい場所ではないですね。

そして、観光場所だと連れて行かれたのが浅草寺というお寺、大きな提灯がかかっていて、小さなお店がいっぱい並んでいました。ガイドさんから「ここが東京の代表的な観光地だ」と聞きましたが、お寺なら中国にもっと歴史ある立派な寺院がたくさんありますから、あまり興味を持てませんでした。

日本のテレビドラマに映っていた、川辺からのビルの夜景とか、昔ながらの商店街とか、日本ならではの場所があると思うんですけど。観光内容については今でもなんとなく不満が残っています。

ツアー参加者のDさん（男性・40歳）

ドラマや映画でしか見たことがなかった日本へ行くことができて、今も感動が蘇ってきます。

僕が興味を持ったのは、長距離移動のバスの中から見た田舎の風景です。中国はとても広くて、何時間走っても同じような風景が続く場所も多いのですが、日本の田舎では、農村や集落、山地など、ちょっと走っただけでいろいろなものが見えてきますよね。僕が行ったのは秋だったんですけど、ちょうど紅葉の時期で、あちこちに赤く染まった木々が見えて美しかったです。中国の田舎の農村といえば、文化的に立ち後れた場所も多いのですが、日本では農村でも都会でも生活水準はあまり違わないようですね。中国の田舎には取り残された場所がたくさんありますが、日本では、どんな田舎でもきちんと手が入っていることが僕には印象深かったです。

せっかくバスでユニークなところを走るんですから、少し立ち寄って散歩でもさせてくれたら良いのにと思うんですが、忙しいスケジュールですし、そもそも「観光地でもないところ」に寄るわけにはいかないのでしょうね。

中国での実情

悠久の歴史を持つ中国。それと比べ、日本の歴史はずっと短い。日本にも歴史的な価値が高い仏教寺院が数多く残っているが「中国の方がスケールが大きい」とか「歴史が古い」などと自慢する人が多い。言い換えると、日本の名所旧跡に意味を見い出そうとしない人が大勢いるのだ。中国には、千年を超える歴史を持つお寺は少なくないし、荘厳な伽藍《がらん》を持つ禅宗寺院も数多くある。

それらと比べてしまうと日本のお寺の歴史や規模は大したことはないと思われがちだ。

今、日本に来るツアー客の中にはドラマや映画の映像を見て「一度は行ってみよう」と思い立ってやって来た人が多い。映し出された絵を「現代的で美しいところ」と額面通りに受け取って、本物の街にいる自分を憧れの世界と重ねようとする。そういう人々にとって、歴史名所の見学は退屈以外のなにものでもない。

中国の人々が知りたい日本の姿とは、例えば先進的で高度な情報文明が進んでいる様子や、中国と違ってきちんと道路や生活インフラが整備されている日本の農村、水の豊かな肥沃な土地だったりする。もし、そういう方面の状況を知りたい人が増えているとしたら、現在のツアーの日程内容とマーケットの要求とは距離が離れているように思える。

中国人観光客の反応

日本人の海外旅行パッケージツアー参加者は「仮に自分に興味がない観光地や訪問都市がスケジュールに組み入れられていても、その場所もじっくり見てみよう」という寛大さがある。

一方、中国人ツアー客の反応はどうだろう。

もし、自分たちが興味のない観光地に行くスケジュールが組まれていたら、平気で「ショッピングに行かせろ」とか「○○で解散だ」などと無理難題を次々と突きつける。

これが日本人海外旅行ツアーの添乗員だったら、そんな申し出はまず突っぱねる。逆に、このような申し出を受けて、本来の日程から動かそうものなら、後で手配担当者から厳重な注意を受けることになるだろう。

一方、中国人ツアーのガイドは、お客の要望に沿ってかなり乱暴に日程を作り替えてしまう。作り替える最大の理由は、日本へのツアーは逃亡防止のため、自由時間がまったく設けられていないのはツアー客だけでなく、ガイドもおかしいと思っているからだ。団体旅行であっても、まったくフリータイムがないというのはお客様の賛同が得られない。しかし、ビザを取るのに最小限の制約を守らねばならないのが悩ましい。ガイドはこの「本音と建て前」の経緯もよく分かっているので、ツアー客側から自由行動をという要望が出たらすかさず日程をいじってしまう。

傾向と対策

困ったことに中国の人々の大多数は「海外の観光地に対する理解」に乏しい。まず「日本行きツアーのお客」になってもらうために、中国でのＰＲプロモーションは欠かせない。中国で開かれる旅行関係の展示会を利用したり、現地のタウン誌や雑誌などとの積極的なタイアップや記事出稿を進めるのも良いだろう。とはいえ、いきなり現地のマスコミなどとコンタクトを取るのはむずかしい。幸いにも、日本の大手広告代理店が中国国内に拠点を持っているので、そのようなルートを通じてＰＲの方法を検討してみてはどうだろうか？　あるいは、日本の地方自治体や公的機関が中国に開いている現地駐在員事務所などを窓口として利用する方法もある。

出発前に観光地の予習はしない。
日本ドラマのファンはロケ地へ行きたい。
見せたい場所は見たい場所なのか再考を。

聞いたこともない町に連れてこないでよ。

↓帰って自慢できないじゃない。

ツアー参加者のCさん（女性・28歳）

ツアーで訪れた場所で、最も印象深かったのは、東京でも大阪でもなく、富士山の北側にある山中湖だったの。ふだん、上海のオフィス街で働いている私には、富士五湖のような湖や緑の山々が美しいところが新鮮でした。東京から山中湖へ向かう高速道路沿線の風景の移り変わりも見ていて飽きなかったし。私のアメリカ人ボスが「高尾山のハイキングがよかった」と言っていたことを思い出したりして。もっとも、日本の高速道路はカーブが多くて、バスでの移動は距離が短い割に疲労を感じちゃった。車酔いまではしませんでしたけど。

中国に帰国してから、友だちの一人に「日本でどこが一番よかったの？」と聞かれて「富士山の裏側が見える山中湖の自然」と答えたら「いったい、それどこ？」と話に乗って来なかった。日本のことをあまりよく知らない人にとっては、新宿や銀座の話の方がおもしろかったのかなと……。

そういえば、私より前に日本に行った同僚は、秋葉原での買い物が楽しかったとか、渋谷は人でいっぱいだったと得意そうにしゃべっていたことを思い出したわ。

ツアー参加者のFさん（女性・50歳）

私のように中国の地方都市に住んでいると、海外旅行に行ったことのある人なんてごくわずか。出掛ける前から、職場や近所の人にずいぶんうらやましがられましたね。

帰ってからしばらくの間、いろいろな人との食事のたびに「日本はどうだった？」って聞かれました。私も調子に乗って「東京は夜でもネオンでこうこうと明るい」「大阪の繁華街が楽しかった」ってあれこれ自慢しちゃいました。

大阪へ行く前の晩、愛知県内で泊まったんですけど、なんていう街だったのかまったく覚えてません。私は名古屋に泊まれると思っていたんです。夕食後に着いて、翌朝朝食を食べてすぐ出発だったので記憶がないのも当然ですよね。ガイドさんが「宿の近くにある神社に立ち寄る」と案内してくれたのですが、ツアー客の一人が「こんな誰も名前も知らない街で観光しても、中国に帰ってから自慢できないから行かなくてもいい」って言うんです。正直わたしもそう思いました。せっかくお金を使って来ているんですから、誰でも知っている有名な場所に行けた方がうれしいですよね。

中国での実情

中国の人々は概して日本の地理に対する理解は乏しい。これから日本に行くという人でさえ、東京、京都、大阪くらいしか知らないのが実情だ。もっとも「逆もまた真なり」で、日本人でもよほどの中国通でもなければ、北京、上海、広州、西安くらいしか分からないかもしれない。

ただ、自分の街の友好都市が日本のどこという話題についてはすこぶる反応が良い。日中間の国交成立以来、双方の自治体が積極的に友好都市提携を結んだが、それが二十年以上経っても中国側ではきちんと認識されている。

チャーター機を利用した、日本の地方都市を巡るツアーに人気がない理由を中国側の旅行社で尋ねてみたら「せっかくお金を使って日本に行くなら、みんなが知っている街に行きたいと思うため」だという。このままでは、チャーター機運航が立ち行かないだろう。

中国では、海外旅行はまだ「高嶺の花」。日本のツアーから帰国し、周りに自慢するには「みんなが知らない場所に行っても仕方がない」ということか。

中国人観光客の反応

「ここ、いったいどこ？」

大阪入りする前日、愛知県下の某市にあるホテルに着いたFさんがつぶやいた言葉だ。彼女は「宿泊は愛知県」と聞き、名古屋市内に泊まれると固く信じていたらしい。「名古屋だったら夜遅くまで買い物が楽しめたかもしれないのに」とくやしそうだった。

Fさんだけでなく、ツアー客の多くは、大きなショッピングセンターや量販店が遅くまで開いている都会での宿泊を好む。しかし、コストの都合でなかなかそれも思うように行かず「ちょっと外れた街のちょっと高級なホテルを手配する」（旅行会社のBさん）ということが多いらしい。

このような「外れた街」のホテルはすでに中国人ツアーの御用達宿になっていて、館内掲示や案内が中国語できちんと書かれている。そして、こういうホテルでは、当然のことながら中国人スタッフが元気に働いている。「いやー、コンビニで働くよりずっと楽しいですよ。中国のさまざまな地方の人たちがやって来るし。私が中国語で話しかけると急に表情がほころびますね」。

傾向と対策

目下、中国からのツアーは東京～大阪を巡る、いわゆる「ゴールデンルート」を通るものが圧倒的に多いという。「名前を知らない街へは行きたくない」という意見は、いかにも見栄っ張りな中国の人々が言いそうな話だ。確かに、東京、大阪の二都市が極端に有名で、福岡、名古屋、京都あたりが「名前は知っている」程度だ。「ゴールデンルート」からはずれた街への観光客誘致は、需要が一巡し、リピーターが発生する段階に入るまでは難しいのが現実のようだ。

日本の自治体によっては、中国からの修学旅行誘致を積極的に行っているケースがまま見られる。修学旅行生には日本への入国ビザが不要なのが中国側にとって最大のメリット、日本は治安が良くて中国からも近い、という他の国にはないセールスポイントがある。消費額は一般観光客と比べたら小さいかもしれないが「将来の日本好き」を育成することは重要だ。

帰国後の自慢のためには有名な街に行きたい。中国人は友好都市を意外なほど知っている。地方都市の魅力を根気強くアピールしよう。

観光③　観光地での立ち振る舞い

私が先よ。こっちが先だ。

↓列の横入りは条件反射です。

ツアー参加者のCさん（女性・28歳）

今回の日本への旅で一番嫌な思いをしたことは、言葉の問題でも食べ物でもなく、ツアーのメンバーの立ち振る舞い。

朝食のバイキングの時も、傍若無人な態度にはへきえきしたけど、それ以上に気になったのは観光地での「社会性のなさ」だったわ。

観光地の入口は、係員がチケットをチェックするために細い通路になっているでしょう？　そこを通る時、ツアーの人たちは押し合いへし合いを始めるんです。「急ぐことなんて無いのに」と私は思うんだけど、ああいう通路を見るとまるで条件反射のように「おれが先だ！」、いや「私が先よ！」って争いを始めちゃうんです。どうしてでしょうね？

私も子どもの頃、バスに乗るときに入口に人が殺到して怖い思いをしたことがあるけど、中国が豊かになるにつれて徐々にそういうことが減って、通勤もずいぶん気楽になったのよ。まさか、あの「我先に」の光景を日本に行って体験するとは。今思い返しても不愉快な気持ちになっちゃいます。

ツアー参加者のFさん（女性・50歳）

今回の日本へのツアーはスケジュールがギッシリで、もう若くはない私には皆さんに付いて行くだけでも大変でした。

観光地での参観時間も短くて、欲しいものがあっても買い物する時間はありませんでした。

京都でのこと。お寺の参観を終えて、バスに戻る途中で工芸品のお店を見つけました。時間がないのは分かっていたのですが、どうしてもこれを買いたいと意地になってしまったんですね。けっこう人気のお店みたいで、長い行列ができていたんですが、もともと日本語なんて分かりませんし、もう二度とここへ来ることはないと思っていたら、レジの列の前の方に割り込んでいました。

昔から、列になんて並んだことがなく、もみ合いになっても早い者勝ちというやり方で生きて来た私には、争いのない列に横入りすることなんて簡単だと、そのときは思ってしまったようです。

あそこの工芸品を買えたことはうれしかったのですが、あれを見るたびに日本で横入りしたことを思い出してしまって。日本であれ中国であれ、周りの人の迷惑を考えない勝手な振る舞いっていけませんね。

中国での実情

本来「列に並ぶべきところ」で、殺到して先を争うのは中国の人にとってはむしろ当たり前の習慣だ。列や窓口を見ると、条件反射のように「私が先だ」と皆が争ってしまう。

田舎で暮らして来たFさんは、そんな「生存競争」を生き抜いて来たのだろう。確かにほんの十数年前まで、バスに乗るのも切符を買うのもまるで「戦い」だった。バスに人が殺到する光景を見て、思わず身を引いてしまった日本人留学生の話を読んだことがある。

こういった「列での混乱」が起きないように、観光地の入口やタクシーの客待ちの列には鉄柵が作られている。社会的秩序が割ときちんとしている日本人の目には鉄柵がとても「冷たく」感じるのだが、社会的規範ができていない大勢の人々を管理するには、あのようなかたちに施設を作るより仕方がないのかもしれない。

Cさんが言うように、中国もずいぶん豊かになって来て、都市部ではそんな「列での争いごと」を起こさなくても順調な暮らしができるようになって来た。しかし、その秩序を壊すのはやはり社会的成熟度が低い地方からの出稼ぎ者などだ。ひとたび列での争いが始まると、しばらくそういう行為から遠ざかっていた人でさえ混乱を起こす側の人になってしまうのはなぜだろう。

中国人観光客の反応

係員がチケットをチェックする観光地の入口通路で起こる混乱。Cさんは「急ぐことなんて無いのに」と思うのだが、なぜかツアー客はここでも「押し合いへし合い」を始める。「条件反射のように、『おれが先だ！いや、私が先よ！』と争いを始める。おかしな習慣ですよね」と嘆いている。

列を見ると「反応」してしまう人々が、さらに露骨な行動に出るのは会計のレジ。時間がないからという理由で列に割り込む。仲間を先に並ばしておいて、そこへ商品を持って合流する。「自分だけ得ができれば良い」とさまざまな手を尽くすのだから困ったものだ。

特に、空港の免税売店での混乱はすざましいものがある。出発便が重なる時間帯には、大勢の中国人客が殺到。その多くが数分のうちに二十万円、三十万円という大きな買い物をするのだから驚いてしまう。

傾向と対策

入口や窓口に「われ先に」と反射的に突進して行く人が依然大多数のようだ。ガイドのAさんは「公共道徳の意識の高い人の行動を見習ってほしいなと思うのですが、まだそこまで感じてくれない人が多いのが実情ですね」ということだ。

「買い物のレジ」で大勢の観光客をどうさばくかは頭の痛い問題の一つだ。加えて、値引きの交渉に挑むツアー客もいるだろう。ひっきりなしにツアー客が訪れるならスタッフの増員を図れるのかもしれないが、なかなかそうも行かない。例えば「値引きはしない」「割引があるならそのルールを明確に書いて示しておく」といった対策が有効だろう。

観光地で整列してくれないツアー客には、あえて別通路から入ってもらうのも一つの手だ。施設側にとっては、混乱を避けるのが大きな目的だが、ツアー客はきっと「特別扱いしてくれた」と喜びを感じてくれる可能性が大だ。

おとなしく列に並んでいては、生き残れない社会だった。
最近の都市部ではきちんと列に並ぶ。
張り紙や別通路での特別扱いなどの工夫を。

写真撮って何が悪いの？

↓立ち入り禁止だけど、ちょっとだけ。

ツアー参加者のEさん（女性・38歳）

お寺を観光したときのことです。

立派な本堂をバックに娘の写真を撮ろうと、場所を探してみたんです。地面から本堂に上がる階段の上に娘を立たせて、私が少し下がってシャッターを押せば良いなと思い、娘に「あそこの階段を上がって、こっち向いて」と言ったら、嬉しそうに駆けて行きました。

さあ、シャッターを押そうというときになってたいへんなことに。お坊さんが遠くの方から何か叫んでいるんです。振り向いたら、お坊さんが娘の方を指差して、両手で「×」って。

写真を撮るのを止めて娘の方に行ったら。お坊さんもこちらに来て、指差す看板を見たら、漢字で「立入禁止」。これは「入ったらダメ」ということなのでしょう。とたんに恥ずかしくなって、お坊さんに謝りました。

でも、その後嬉しいことがありました。そのお坊さん、娘と一緒に並んで写真を撮らせてくれました。バスに戻って、写真を他のみなさんに見せたら、とてもうらやましがられました。

ツアー参加者のＤさん（男性・40歳）

広告の仕事をしている僕の日本での興味の一つは「お店のディスプレイを見ること」。いろいろなお店の飾り付けやＰＯＰなどを見ることも旅の目的でした。

夜、時間を見つけて、電車に乗ったりしてあちこち出掛けました。おもしろかったのは、中国の地下鉄にはない電車の中吊り広告とコンビニのディスプレイでしたね。二十四時間開いているスーパーにも立ち寄って、販促用のポスターなどを見たりして。

中国も最近広告業が盛んですが、日本の技術やアイデア、デザインと比べたらまだまだ後れています。ですので、あらゆるモノの写真を撮りたくなって、デジカメでパシャパシャやってました。

そうしたら、あるコンビニでトラブルになってしまいました。雑誌棚のディスプレイを撮っていたら、店員が出て来て大騒ぎに。店に並んでいる書籍や雑誌を写真に撮ることは日本ではダメらしいですね。あわててガイドさんに電話して助けてもらいましたけど。あんな些細なことが大きな問題になるとは信じられません。でも夜中にガイドさんを起こしてしまったことは今でもお詫びの気持ちでいっぱいです。

中国での実情

中国の人々はとても写真好き。日本と同じようにデジカメが普及しているし、カメラ付き携帯も人気が高い。写真好きが高じて、少しでも良いアングルで撮ろうとする結果「立入禁止エリア」に入ってしまうのは日常的なこと。ひどい例では、花壇の中に入ったり、彫刻や石塔に登ったりすることも。秩序を守ってほしいという気持ちよりも「そんなところに登ったら危ないのでは?」と真剣に心配してしまうことさえある。

中国でもお寺や歴史的建物では撮影禁止という場所が多い。デジカメならシャッターの音がしないからと内緒で撮っている人も見かけるが、もちろんルール違反だ。

日本のコンビニで雑誌コーナーを撮影していたDさんは「デジタル万引」の疑いで、警察沙汰の事態になってしまった。中国では、デジタル万引の概念はまだ定着していないのだ。

ちなみに、中国では外資系スーパーをはじめ、ショッピングモールでの店内撮影は許可がないとできない。一方、中国の書店の店内で何かを撮影してトラブルになった例を聞いたことはない。もともとそういうところで写真を撮る人がいないのか「そのくらいのこと」ではトラブルにはなり得ないのか。

中国人観光客の反応

日本人が旅行に行くと、自分たちが写り込んだ記念写真ももちろん撮るが、美しい風景や建築物をスナップ撮影することが割と多いのではないか。一方、中国の人々が写真を撮る時は「人が写った記念写真」がほとんど。観光地の名前が入った正門や石碑の前には人だかりができて、人が入れ替わり立ち代わり、撮影会さながらの様相を呈する。

日本に来ても、写真撮影が始まるとそちらに神経が集中。観光に来たのか撮影に来たのか分からなくなってしまう人も少なくない。風景と人を入れた写真を撮りたいからと、通路を行き交う人を止めてしまったり、写り込む人が立入禁止エリアに入ってしまったり、他の観光客に対する配慮や遠慮もないことも。写真好きが高じて、社会的ルールから外れてしまうことも多いのが困りモノ。

ちなみに、日本に来るツアー客の多くは富裕層だ。中国でも一般に普及しているデジカメ持参は当然で、ハンディビデオを回す人も少なくない。

傾向と対策

日本の観光地には「土足厳禁、立入禁止、撮影禁止」といった制限をつけている場所がことのほか多いようだ。これまでこれらの説明訳は英語だけだった場所も多かったが、これからはアジアからの来訪客対策に中国語、韓国語などの併記が必要。

外国の観光客が、興味本位でスーパーやコンビニの店内、公共施設の館内などで写真を撮っているケースがあるかもしれない。ルールに従って取り締まるなら、見つけ次第通報となるが、外国人の場合「ルールが分からず、ただ興味本位で撮った」というケースがほとんどだろう。犯罪性や不正行為に関わる様子がないなら、見て見ぬふりという「心配り」も必要かもしれない。

中国人は、景色よりも自分たちの写真を撮るのが先。面白い場所では大人でもつい夢中に。ダメなことはダメ。でも、多少のことは大目に見よう。

また観光しに行くの～。

➡買い物できなかったらどうしてくれるの。

視察で訪日したYさん（男性・55歳）

日本への訪問目的が友好都市の視察だった私たち。

視察先都市の観光地や主要公共機関を見学するのは当然のことだと思う。ところが、団員たちの本当の目的は視察でも交流事業でもなく「日本でのショッピング」。視察先にいるころから「東京に行ったらあれを買う」とか「○○メーカーの△△は絶対欲しい」とか。「こんな行事なんてどうでも良いから、さっさと止めてショッピングに行かせろ」とゴネる人まで出て来る始末だ。

なのに日本側の受け入れ先は「日本に来たんだからぜひ」と、視察先と関係のない東京都内の観光をもびっしり手配していたのには辟易《へきえき》。ご丁寧にガイドさんとバスも準備されていたんだよ。

団員たちが「ブランド品と電気製品を買わないと恥ずかしくて帰れない」と懇願するので、ガイドさんにお願いし、観光のスケジュールを調整、銀座や秋葉原での買い物の時間を多く取ってもらった。大型家電店が並ぶ秋葉原では、免税でモノが買えたと大喜び。銀座でのブランド品店めぐりも楽しかったと満足そうだったな。

ツアー参加者のFさん（女性・50歳）

ツアーに参加したものの、日本のことをあまり良く分かっていない私は、観光地に案内されてもいまひとつピンと来ませんでした。そして、頭にあったのは「中国では買えない日本製の何か」を買うことばかり。ツアー三日目頃に他の人に聞いたら同じようなことを言っていました。

そして四日目、ついに不満とも苦情ともつかない「観光はもういいから、買い物に行きたい」という声が上がりました。私も「このままでは何も買えないかも」というストレスがあって、思わずその声に同調しちゃいました。

するとガイドさんは、苦笑いしながら「どのツアーでも三～四日目になるとこんな話になって」と。「日程表にはこう書いてあるけど、大阪に着いたらこういう段取りにするから」とショッピング時間の確保について説明してくれました。

「初めから話をしてくれたらよかったのに」と、みな口々に言っていましたが、顔には安堵の表情が。その後は観光も楽しく感じるようになり、充実した日本での滞在が送れたような気がします。

中国での実情

日本への観光ビザ発給に際し「逃亡者防止」という大きな命題がある。そのため、中国の旅行会社が日本向けツアーの日程を組む時「自由行動時間」を入れることができない。しかし、ツアー客の多くは銀座や秋葉原での買い物を楽しみにしている。そこで、例えば日程上には「ランチを銀座近辺で」と書き、ランチ後にフリータイムを捻出、ショッピング時間に当てる対応がなされるという。

中国では海外旅行に行った後、関係者にお土産を配るのが当然と考えられている。しかも「メンツ」の問題もあって、そんなに安いものを配るわけにはいかない。お菓子くらいで喜ぶ相手なら良いが、デジカメやハンディビデオなどを期待する関係者もいて、なかなかその調整は難しいようだ。

中国人観光客の反応

ショッピングの時間が確保されない限りツアー客はなんとなく落ち着かない。日程表を何度読んでもスケジュールはぎっしり、ツアー客たちは「いつどんなタイミングで買い物ができるのか」と過剰なまでに心配する。

しかし、ガイドが気を利かせて「この日程のいつ頃、ショッピング時間を確保する」とツアー客に対して説明したとたん、ツアー客たちの「心が落ち着く」ようだ。買い物、つまり「地元へのお土産購入」は、メンツを大切にする中国人にとって海外旅行での最大の「使命」なのだから。

ビデオやデジカメなど、デジタル製品に対する中国人の日本製信仰はとても高く、これらを買う事自体を旅の目的にしている人も少なくない。実は「日本に行ったら高性能携帯電話端末を買おう」と思っている人も多いと聞くが、システムが日本と中国では大きく異なるので、買ったところでほとんどの機種は中国に持って帰っても使えない。

ところで、観光とショッピングのどちらに大きな興味を持つのか？　ツアー手配担当のBさんに聞いてみた。「そうですね、みなさん初めは買い物優先みたいな言い方をされるんですが、せっかく日本に来ているのに観光しないのはもったいないとも言うのです。私の感覚では観光に比重を置いている人と、ショッピング優先の人はそれぞれ半分ずつかなと思っています。結局のところ、なんでもかんでも全部体験したいというのが本音みたいですけどね」と笑いながら答えてくれた。

傾向と対策

中国から関係者を招聘、招待する、特別な団体を呼ぶと言ったケースでは、観光の手配も大切だが、必ず「都会の量販店での買い物」をスケジュールに加えておきたい。それほどまでに、日本の電気製品に対する信仰は強いのだ。

もっとも、日本国内の量販店チェーンの仕組みを考えたら、中国人訪日客の欲しいものが、必ずしも東京や大阪の都心でないと買えないというわけでもない。地元の大型ショッピングモールで買い物してもらうのも一つのアイデア、そこで買ってもらうようにしむけてはどうだろう。あらかじめどんなものを扱っているかを中国側に知らせておくと安心してもらえるに違いない。

中国人にとって、お土産の確保は海外旅行の一大事。
買い物時間が十分あるか気になって仕方がない。
お買い物情報を伝えて安心してもらおう。

これもあれも本物? 本当に本当?!

➡だって安いし。銀聯《ぎんれん》カードも使えるの?!

ツアー参加者のCさん（女性・28歳）

私自身はブランドモノにそれほど興味は無いんですけど、友だちが「日本に行くならどうしても買って来て」というので、銀座でのショッピング時間にそのブランド店に立ち寄ったの。

友だちがわざわざ頼む理由は、値段が中国で買うより二割以上安いからだったんだけど、私が感動したのはむしろ店員さんの対応。友だちがくれたメモを見せて「これ」と言ったら、すぐさま在庫をチェックして商品を持って来てくれました。包装も完璧でしたし。免税手続きもできたので、彼女が言っていた値段よりさらに数%安くなりました。（注：為替レートの関係で、日中間の価格差が変わることもある）

ブランドモノの値段って、サービス込みなのかなと思いました。どうして中国からわざわざ東京へ買物に行く人がいるのかな、と思ったけど、実際に体験してみて大いに納得。値段以上の何かがあるように思いました。

ツアー参加者のDさん（男性・40歳）

妻と一緒に日本に来て、どちらからともなく「記念に何か買おうか?」という話になりました。たまたま結婚して十年目だったこともあって。

アクセサリーが良いのか、それともブランドのバックかなといろいろ相談したのですが、揃いの腕時計を買うことにしました。時計なら無くさない限りいつまでも使えます。どこ製のモノを買うかちょっと悩みましたけど。

お店では、店員さんが、我々の予算とイメージにあった時計をあれこれ出してくれました。言葉は通じませんが、お客に対する丁寧さが伝わって来て、とても感激しました。中国でも「お店でのサービス」はここ何年かでずいぶん良くなりましたが、お客の雰囲気を見て適切なものを出すというようなレベルにはまだ達していません。

さらに嬉しかったのは「この時計がもし壊れても中国の販売店が対応してくれますよ」と言ってくれたこと。高い買い物をして、もし壊れて使えなくなったらどうしようと不安でしたが、中国でも修理可能と聞き、購入を決めました。

店員さんから与えられた「安心と信頼感」。これを感じながら買い物するのがこんなに嬉しいことなのかと。日本のサービスってなるほどすごいですね。

中国での実情

中国とブランド品の関わり合いと言えば、どうしても「ニセモノ」の話に繋がってしまう。確かに平気でニセモノを持って歩く人も少なくないが、一方で「私は絶対にホンモノしか持たない」というマーケットも育ってきている。

北京や上海を中心に、欧州の有名ブランドのブティックは着実に増えていて、地方都市へもその販路は広がっている。大型ショッピングモールや高級ホテルのアーケードには、ルイ・ヴィトンやグッチ、プラダなどのブティックが軒を連ねている。

しかし、中国での価格は輸入関税や高い輸送コストが転嫁されているため、日本よりも平均して約二十％高い。また「モノを売る文化」が充分でないことから「見た目のサービス」は良くなっていても、商品知識やそのお客の雰囲気にあったアイテムを見抜くセンスは日本の店員ほどには育っていないようだ。また、細やかな包装を望むのは少々無理かもしれない。

中国の経済成長のおかげで、通貨・人民元の対ドル、対ユーロの価値がどんどん上がっている。その結果、海外でのブランド品ショッピングのお得感は以前に増してさらに強くなっている。

中国人観光客の反応

日本へ来て「デジモノ家電」を買うことと同じくらい、中国人訪日客にとって「欧州の有名ブランドアイテム」の入手は旅の目的として大きなウエイトを占めている。銀座の一等地に並ぶ各ブランドのフラッグシップショップやブティックは中国人女性の憧れの場所だ。

「どうしてこんなにお金を持っているの？」と思うほど大量に購入する人もいて驚かされる。中国人観光客日本滞在中の一人あたり平均消費額は三十万円を超えるとも言われる。

東京都内などでのショッピングだけでなく、帰国前の免税店で二十万円、三十万円と大口の買い物をする人々がたくさんいるから驚きだ。

中国から現金を日本に持ってくることなく、デビットカード「銀聯《ぎんれん》」で買い物できるのも大きなメリットだろう（↓マネー①「デビットカードでお買い物」参照）。

傾向と対策

「大量購入」をしてくれる中国人顧客の対応のために「日本的なサービスができる中国人スタッフか中国語ができる日本人スタッフ」を揃えることも一考の価値がある。日本に住む中国人は、コンビニで働くだけの人材ではない。

デビットカード「銀聯」での買い物ができるかできないかも、中国人訪日客のショッピングスポット選びの中で大きなウエイトを占める。外貨持出に制限がある中国の人々にとって、デビットカードでの決済可否は重要なポイントだ。

商品に対する安心と信頼感を与えるのも大切だろう。アフターサービスが必要となる商品を売る場合、中国国内での対応はどうなるかの説明も求められる。電気製品や時計のような精密機器なら、中国にも広範なネットワークがあるので、メーカーに問い合わせてみると良いだろう。

中国より日本で買う方がかなりお得。銀聯が使えるなら予算の上方修正につながる。帰国後のアフターサービスも伝えよう。

ここにあるもの全部100円?

↓安くはないけど、デザインが素敵。

ツアー参加者のEさん（女性・38歳）

たまたま中国の雑誌を読んでいて知ったのですが、日本には「商品が全部同じ値段」で売っているお店があるんですってね？　それも何千種類の商品があるって。それだけの種類を集めるのもすごいですけど、値段を一緒にできるという感覚が私には分かりません。

ツアーの日程はとにかくぎっしりでなかなか時間が取れなかったのですが、秋葉原でようやく行けました。他のみなさんは電気製品に興味があったみたいですけど、私は自宅で使える家庭用品が買いたかったのです。

確かに、ありとあらゆる雑貨が百円で売っていました。読んだ雑誌には大多数の商品が中国製だと書いてありましたけど、デザインやアイデア、品質など、日本で売っているものの方がずっと優れています。絶対七元（約百円）では買えないと思うものもあって。吸盤でタイルに貼付けて使う台所やお風呂用のプラスチック製品は重宝すると思いました。旅行用の圧縮袋なんておもしろいですね。近所へのお土産と、娘のお菓子もついでに買って、あっという間に五千円くらい使っちゃいました。

ビジネスで訪日したXさん（男性・35歳）

東京で空き時間ができたので、ホテルのフロントで「何かおもしろい買い物ができるところってない？」と尋ねてみました。するとそのスタッフは「いつも私が行っているところですが」と断った上で教えてくれたのが、電気製品や家庭雑貨、食品まで何でも売っている格安店でした。

ＢＧＭがうるさいのが気になりましたけど、三階までの売り場には床から天井までところ狭しと商品がぎっしり、お昼の半端な時間だったのに、たくさんのお客さんでにぎわってました。日本に住んでいる中国人が買い物していたので、これはチャンスと話しかけてみたら「ふつうのお店より二〜三割安い」「とりあえず何か欲しいときはここに来る」と言ってました。出張旅行が多い私に便利なアイテムもたくさんあって、思わずあれこれ買ってしまいました。

ところで、私が買ったものも含め、雑貨のほとんどはたぶん中国から運ばれて来たのでしょうね？日本人の生活がこれほどまでに中国の製品で支えられているとは夢にも思いませんでした。そういう意味で「おもしろい買い物」ができてよかったですよ。

中国での実情

日本を訪れる海外からの観光客に百円ショップは大好評だ。生活に密着した「普通の店」を外国人に紹介したら失礼と思ってはいけない。旅行客はけっこう喜んで百円ショップで買い物をする。

中国にも、街中に二元均一ショップや、大型スーパーの五元均一ワゴンセールなどがあるが、商品は「安かろう悪かろう」感が否めず、もはや消費者に飽きられている様子もある。また、日本の百円ショップ専門店のような大掛かりなチェーン店は中国には存在しない。

　中国に住む日本人主婦の中には「百円ショップ商品は中国製だから中国で買える」と思いこんでいた人もいると言う。しかし、デザインやアイデアに特徴のあるアイテムについては、売り手が工場から日本までの流通ルートをしっかり管理していて、中国国内に出てくることはほとんどない。現地の日本人の間では「百円雑貨によく似たアイデア商品を見つけたら、とりあえず買っておく」のが決まり。もともと安い物なので見つかりさえすれば、三～四元（約四十二～五十六円）で買えるそうだ。

中国人観光客の反応

　Eさんはさすが主婦だ。百円ショップのことは「たまたま読んだ雑誌で知った」と言っているが、ならば自宅で使える家庭雑貨をお土産に買おうと思いついたのはユニークだ。

　中国で「雑貨一点が七元（百円）」という値段は決して安くはない。二～五元で売られているものもあるからだ。ところが主婦・Eさんの目は厳しく「デザインやアイデア、品質など、日本で売っているものがずっと優れている」ときちんとチェックを入れている。

　中国の人々が考える「日本で売られている雑貨に対する信頼性」は非常に高いようだ。「安かろう悪かろう」の逆で「少々高くても質が良いならお金を出す」という流れもできてきている。

　日本に来るツアー客の中には、百円ショップだけでなく「無印良品などのプライベート・ブランド」も気になるという人がいる。おそらく、今後はマイカップやマイ箸、エコバックなどのエコ関連雑貨に対する興味も高まっていくことだろう。

傾向と対策

百円ショップの商品や日本で売られている生活雑貨について語るのに、中国との関わり合いを避けるわけにはいかない。店頭に並んでいる九割以上の商品は中国国内で作られているからだ。だから中国からの訪日客に「日本人の暮らしは中国製品がいっぱい」という話をすると喜ばれること請け合いだ。

たとえ中国製でもデザインにアイデアを凝らした生活雑貨だったら訪日客でも買っていくだろうが、電気製品を買うとなると事情は変わって来る。買う商品を苦労して品定めして、いよいよ支払いという段階になって、たまたま目に入った「メイドインチャイナ」の文字。そのとたんに全部買うのを止めたといった話を良く聞く。つまり、日本製なら買うけれど、欲しいモデルが中国製だったならわざわざ日本で買うことはないということなのだろう。

ワンコイン雑貨店は中国にもある。日本のデザインやアイデアが好き。メイドインチャイナ。雑貨はＯＫ、電気製品はＮＧ。

農薬を吸い取る活性炭？

➡日本のハイテク製品って、なんとなく奇妙ね。

ツアー参加者のFさん（女性・50歳）

ツアーバスの中で、ガイドさんがしきりにいろいろなものをツアー客たちに勧めるんです。品目は五つも六つもあるんですが、興味を持ったのは『活性炭』入りのプラスチック箱でした。ドライバーさんの横に置いてあるのはなんだろうと思っていたら、ガイドさん曰く「ドライバーさんは時々タバコを吸うんですが、この活性炭のおかげで、皆さんのところに匂いは行っていないはず」というのです。また、空気を清浄する働きもあるので、ぜんそくの人には枕元に置くと良いとか、野菜を洗う時に一緒にボールに入れて十分間置いておくと農薬を吸い取るとか……聞くからに「怪しい」のですが、技術が進んでいる日本にはそういう商品があるのかなと思って。みんなも二箱、三箱と買うので、一箱五千円もするのを、私も二箱買っちゃいました。

そのほか「テレビや携帯に貼ると良い」「白内障、顔面神経痛の方におすすめ」という触れ込みの『電磁波避けステッカー』は一枚二千五百円。ガイドさんがずっと腕にはめている『チタンのブレスレット』は三万八千円もするので誰も買いませんでしたけど。商品の枕詞はどれもこれも「日本のハイテク製品」でしたが、効果のほどはよく分かりませんね。

ツアー参加者のCさん（女性・28歳）

日本に来たことのある友人が「ガイドさんが車内で売る商品がおもしろいよ」と言ってたのね。でも彼女はそれがどんなものなのか絶対に教えてくれないんです。どんな商品なのか興味津々……。

そのラインナップは聞くからに奇妙なもの。携帯に貼ると良いという『電磁波避けステッカー』なんて、絶対効き目があるとは思えないわ。冷蔵庫に入れる脱臭剤のような『活性炭』もなんだか怪しい。それでも他の人たちがたくさん買って行くので、買わない私の方が変な人のように思われたかも。値段の問題ではなくて、いらないものはいらないですから。

せっかく売るなら、チョコレートなどのお菓子の方がよっぽど気が利いてるかなと思って、買う気もなかったけど試しにガイドさんに聞いたら「お取り寄せできますけど、いくついりますか?」って。そういえば、東南アジアのガイドさんも頑張っていましたが、いろいろ売って利益にしようという姿勢には頭が下がります。

中国での実情

ガイドさんがバス車内で売るお土産品。どこの国のツアーにもつきものと言っても過言ではない。ちなみに、中国を訪れる日本人向けの車内販売商品は、月餅に天津甘栗、チョコレートにお茶などがある。多少高くても「お世話になったガイドさんへのチップ代わり」と思って買っていくお客も多いと言うから、結構良い稼ぎになるのだろう。

さて、中国人ツアー客に対し、日本ツアーで売る商品のラインナップを調べてみた。ツアー会社で伺った話では「中国国内では売っておらず、しかも、中国の人が興味を持ちそうな日本のハイテク商品」というのが商品選定のポイントだということだが、どうも怪しさは否めない。

ネット上には「日本ツアーのガイドがどんな『奇妙な』ものを売るか」といった書き込みが出ていて、その気になればあらかじめ情報をつかむこともできる。もっとも、その書き込みを見て「だったら私も買う！」決心した人がいるとは思えない。

中国人観光客の反応

ツアーバスの車内でガイドが販売する商品の概要を聞けば聞くほど怪しさを感じずにはいられない。

Cさんはその点について冷静に状況を分析している。周りのツアー客が二個、三個と買っていくのを見て「買わない私の方が変な人のように思われたかも」と述べている。確かに彼女が言うように「値段の問題ではなくて、いらないものはいらない」のだから。

例えば『農薬を吸い取る活性炭』は人々の弱みにつけ込んでいるような商品だ。中国では野菜についている農薬の毒性に関する問題は長い間の懸案事項だ。それが、日本で買った「秘密の箱」で解決するならこんなうれしいことはない。

携帯などに貼る『電磁波避けのステッカー』もなんとなく奇妙だ。もしそんなものがあるなら、とっくに日本で電車の優先席あたりに導入されていてもおかしくはないが。

ツアー客は「おかしい、奇妙だ」と思いつつも、旅での開放感から思わずたくさん買い込んでしまう。今度はぜひ『農薬を吸い取る活性炭』の使用報告をどこかで聞いてみたいものだ。

傾向と対策

車内販売の状況について、試しに手配担当のＢさんに話を伺ってみた。

それによると「確かにそんなような商品を売っていますね。おもにガイドの稼ぎになるので、私たちはあまりタッチしていないのですが……」と。できることならこの話に関わりたくないような雰囲気だ。

どちらにしても、日本に住んでいる普通の日本人がどこかで入手できる商品ではなさそうなので、中国の知り合いが「車内でガイドさんから買った『農薬を吸い取る活性炭』がもっと欲しい」とかと連絡して来ても、真剣に取り合わない方が良さそうだ。

もっとも、中国の人々が日本の先進的アイデアや技術を用いて作られた商品に興味を持っているのは事実のようだし、中国人ツアー客に対して、何か特別な技術を使ったアイデア商品を売ってみると、割と良い商売になるのかもしれない。

日本人が見たことがない〝ハイテク製品〟がお土産に。
中国では野菜の残留農薬への不安が大きい。
日本でしか買えないアイデア商品はうけるかも。

このキャラクター、中国で買ったのと違う！

えっ?!　こっちが本物？

ツアー参加者のEさん（女性・38歳）

我が家では普段から「ハローキティ」のキャラクター商品を好んで使っています。娘が喜ぶというよりは私自身が好きなんです。以前、私の両親が香港に行った時に、現地限定のチャイナ服を着たキティちゃんのぬいぐるみを買って来たのですが、娘よりも私が大喜びしたことがありました。もともとキティちゃんは日本のキャラクターですし、きっと東京限定のグッズもあるに違いないと、機会があったら買おうと思っていました。

日本に着いた初日。夜遅くに立ち寄ったホテル近くのコンビニでも、キティちゃんの文房具を見つけて、これならいつでも買えると分かり安心しました。

思わず興奮してしまったのは東京都庁の展望台にあるおもちゃ屋さんに行ったときでした。ここには東京限定のキティちゃんが目白押し。短い時間でしたから、風景などはどうでも良しで、買えるだけ買おうと必死に品選びをしました。

展望台へは、本当は景色を見るために行ったのです。主人から「富士山がきれいだったよ」と聞き「しまった」と思いました。その後結局、東京から富士山を見られる場所には行けなかったので。

ツアーガイドAさん（男性・30歳）

ツアーの日程の中で、東京ディズニーランドへのオプショナルツアーがあります。都内での買い物時間との選択ですから、どちらを選ぶか皆さんずいぶん悩みます。

そして毎回起こる問題は決まっています。行かなかった人が行って来た人のお土産を見て「私もあのキャラクターグッズが欲しい」というのです。

ディズニーのグッズって、著作権管理が厳しいので、それ専門のお店以外、他の店ではまず買えないですよね。でも、人が持っているものは自分も欲しくなるのは世の常「どうにかしてくれ」と騒ぎます。

毎回この問題が起こるので、解決方法を探してみたら、成田市内のショッピングモールに専門店があるのを発見。中国への帰国前日に泊まる空港近辺のホテルからタクシーを飛ばせばなんとか買い物できます。

ボクは「それほどまでにしてあのグッズが欲しいのかな」と思うんですが、本人たちは真剣。ひたすら「時間までに帰ってくる」のを待つしかありません。

中国での実情

もはや世界的な人気者になったハローキティ。中国でもすっかり人々に浸透していて、知らない人はいないほど広まっている。ちなみに中国限定版もあって、日本のキティファンが一生懸命探しては買っているようだ。また、ディズニーのグッズも大都市ならショップがあるのでそこで購入できる。

中国でもさまざまなアニメや映画絡みのキャラクター、ノベルティグッズ、文房具などは外資系スーパーや各地のデパートなどで広く売られている。地方の小さなショッピングセンターで日本出身のキャラクターを見かけると思わず顔がほころんでしまうことも。

中国の都市部でのアンケート調査によると、キャラクターグッズを買ったことがある人々は六割近くに上り、うち購入が多い年齢層はやはり十代が圧倒的に多いという統計が出ている。中国全体で中学生以下の人口は三億人近くに及び、その市場にアプローチしたいと考える企業も少なくない。

中国ではブランドモノと同様に、ニセモノのキャラクターグッズもよく街で売られている。安いからとニセモノを買って日本へ持ち込もうとすると、知的財産権の問題にひっかかり税関で没収されることになる。要注意だ。

中国人観光客の反応

ガイドのAさんも語っているが、東京滞在中のオプションで、ディズニーランドに行くか行かないかはやはり多くのツアー客が悩むことなのだそうだ。

現地では半日ちょっとしかいられないが、さまざまなエンターテイメントが存分に楽しめるテーマパークは、たとえアトラクションに一つも乗れなかったとしても東京滞在の良い思い出になるだろう。もっとも、関係者へのお土産をテーマパークで買い集めるために行きたがる人もいるようだが。

一方、ハローキティのグッズはコンビニでも簡単に手に入る。キーホルダーやちょっとしたお菓子、文房具などは、手頃な日本土産として好適だろう。

中国の人々は「そこでしか買えない限定モノ」に対し、日本人ほどの執着はないようだ。ただ、一部の熱狂的なキティファンは東京限定モノがあると聞いた途端に目の色を変えて商品を選び出す。Eさんもその一人、外の眺めなんてどうでも良いという勢いでお気に入りの一品を探したようだ。

傾向と対策

キャラクターグッズのコレクターは日本人並みに凝り性。子どもを大切にする中国の人々だからこそ「お土産として絶対手に入れたい」と考える人も多い。

「どこに行けば、何を買える」と事前のチェックを終えている人もいるが、たいていは「○○が欲しいけど、どこで買って良いのか分からない」ことが大多数。コンビニであれ量販店であれ「中国の人々が好みそうなキャラクターグッズを扱っている場所」をあらかじめ把握しておくと良いだろう。

この手のグッズは、中国ではニセモノが多数出ている。「日本で買えばコピー品をつかまされることもない」という絶対的な安心感も購買意欲を後押しする。

中国では未だ偽物も売られている。どこのマニアも同じ。狙いは限定物。どこで何が買えるか教えてあげると喜ばれる。

えっ、中国に持ち込めない?!

↓お土産屋さんで勧められたのに。

ツアー参加者のFさん（女性・50歳）

今回の日本旅行が初めての海外だった私。外国からのお土産を自分の国に持ち込む時に細かな制限があることを知りませんでした。

私が日本で感動したのは、とにかく果物がおいしいことでした。甘みは充分、色合いも良いし、かたちも整っていて。

リンゴは特においしかったので、うちの家族や親戚にも食べさせたいと、日本からの帰国前に空港近くのスーパーでリンゴを一箱買ったんです。

そうしたら中国に着くなり、税関員が「海外で買った果物は没収」と言うのです。私はさまざまな事情を話しましたが、結局ダメなものはダメ。全部取られちゃいました。金額的な損失はともかく、あの味をもう楽しめないと思うととても残念でした。

それにしても、どうして「果物の持ち込みはダメ」ってガイドさんは言ってくれなかったのでしょうか？　そういうことは海外旅行に行くわれわれがきちんと勉強すべきなのでしょうか？　私のように田舎にいてはそういう「旅の常識」を知る機会は少ないのです。

視察で訪日したYさん（男性・55歳）

いろいろトラブル続きだった日本での視察を終え、ようやく帰り着いた中国の空港で、またも団員が問題を起こしてくれたんだよ。

どこかの街で飲んだお酒がおいしかったとかで、知らぬ間に十本も地酒を買い込んでいたんだ。荷物がずいぶん重いなあとは思っていたが、まさかお酒がたくさん入っていたとは。

空港の税関でどうも怪しいとチェックが入り、スーツケースの中身を見たらさぁたいへん。えらくたくさんのお酒が入っていた。

税関の係官は「四本以上の分には課税する。さも無ければ没収」と説明。

私はその団員に「あきらめるのか、税金を払うか」と迫ったら、なんと「日本で泊まった旅館のスタッフが、なにも説明してくれなかったのに、どうしてオレが悪者になるのか」と、怒り出しちゃったんだ。税関も「規則は規則だから」の一点張りで話はまとまらず。結局渋々税金を払って引き取ることになったよ。

売る方も中国の税関規定なんて分かってないのだろうから、こういう問題が起こっても当然と言えば当然だな。

中国での実情

言うまでもなく、それぞれの国に入る時は税関検査が行われる。中国の場合、お酒三本とタバコ二カートンまでが免税範囲だ。そのほか、電気製品に対する制限やお土産の購入額制限などの規定がある。

問題は、このような「持ち込み制限」に関する案内を、中国側の旅行会社がツアー客にどの程度きちんと行っているかだ。日本ではガイドブックやツアー参加の案内書などに税関検査の規定などは事細かに書かれている。一方、中国での海外旅行客向けのガイドブックや旅行会社からの配布物を見る限り、未だ不十分な気がしてならない。

税関規定の知識の有無を論じることとは別に、法を守るという意識が比較的薄く「税関の検査なんてごまかせば良い」と思っている人が割と多いこともまた問題だ。

確かに空港によっては、税関検査を素通りできそうなところもあるのだが、それを過信して余分に買い物して、持ち込もうするのはルール違反だ。

中国人観光客の反応

ガイドや旅行会社の事前説明が不十分なことから、せっかく購入したお土産を中国の空港で没収されるケースもままあるようだ。帰国時に中国で行われる税関検査について、ガイドが「税関検査がある、中国への持ち込みには制限がある」といった説明を帰国当日などに行っているだろうが、こういった案内はたいてい客の耳には届かない。きちんと説明していても、問題を起こすツアー客はきっと「そんなことは聞いていない。きちんとガイドが説明しないのはおかしい」などと、帰宅後に旅行会社へクレームをつけていることだろう。

中国の税関でのチェックは、お酒やタバコ、買い物額の多寡だけでなく、検疫関係に関わる生鮮品に対する取り締まりの方にも目を光らせている。害虫の問題で果物や野菜が持ち込み禁止なのはもとより、魚介・

海鮮類にも細かな規定があることを、初めての海外に行くようなツアー客がきちんと把握できているのかどうかははなはだ疑問だ。

傾向と対策

ガイドや旅行会社の説明不足で、余分な税金を納めたり、せっかくのお土産を没収されたりというトラブルをどう食い止めるかがこれからの課題だろう。また、そういった規定に明るくない日本側のショッピング店の対応にも問題がある。

Yさんのケースでは、免税で持ち込める分を超えた本数に対し、税関規定の酒税分を払って持ち込むことができた。しかし、ツアーで連れて行った旅館の従業員がなにも税金のことを説明せずに売ってしまったいきさつから見て、お客と旅行会社の間で何らかのトラブルに発展した可能性も否めない。

また税関規定の問題とは別に、帰国時の飛行機に乗る際、規定の手荷物重量以上の荷物を持ち帰ろうとすると「超過手荷物料金」が取られる。距離にもよるが、一キロ二千～四千円かかる。これの支払いを拒むツアー客も多く、各航空会社は対策に悩んでいるようだ。特に日本側が招待した役人などにこのような出費を求めるのは難しいかもしれない。

海外旅行初心者なので免税範囲を知らない。生ものや酒の中国への持ち込みは制限がある。売る前にもひと言確認してあげよう。

コラム　ツアーはこんな日程だ！

中国人の受け入れに携わる招商新世紀ジャパンの西山里田氏に、ツアーの内容を紹介してもらった。「ツアー日程はとにかく忙しくて、あれもこれも見たいという感じ。日本の他の地方を訪れる人も増えればいいのですが、現在は東京、京都、大阪を巡る一週間のコースがほとんどです」

その「ゴールデンルート」と呼ばれる旅行スケジュールは次のようになっている。

一日目：中国→関西空港→大阪
関西空港から大阪市内へ
大阪城公園、心斎橋、道頓堀などを観光
宿泊◆大阪市内にて

二日目：大阪→京都→愛知県／静岡県内の宿泊地
午前中に京都観光（オプション新大阪～京都間の新幹線体験乗車）
金閣寺、平安神宮、清水寺、西陣織会館など巡る
宿泊◆愛知／静岡県内にて

三日目：浜名湖→箱根
午前、浜名湖を観光
箱根に向け移動し、途中、富士山を眺める
到着後、芦ノ湖遊覧と大涌谷観光
夕刻、日本旅館へ
宿泊◆静岡／山梨県内にて

四日目：箱根→横浜→東京
午前、横浜へ。みなとみらい21や中華街など観光
午後は東京へ移動し、都庁の展望台、浅草寺、皇居の二重橋など観光
銀座でのショッピング時間も。
宿泊◆東京都内にて

五日目：東京→成田
ディズニーランド観光（オプション）または、秋葉原でのショッピング
夕刻、成田市内のホテルへ
宿泊◆成田空港近くのホテル

六日目：成田→中国
利用フライトにもよるが、時間があればホテルのシャトルバスを利用するなどして、成田市内のショッピングモールで最後の買い物
その後、空港に向かい、帰国

第2章

そういう価値観だったのか!

たった30分遅れただけでしょ！

↓細かいなぁ。そんなことで怒ってると人生楽しくないでしょ。

ツアー参加者のFさん（女性・50歳）

私の地元はまだ立ち後れていて、道路の整備が進んでいません。中心部の交差点で車の事故でもあったら、たちまち町全部が渋滞してしまうような、そんなレベルです。バスに乗っても時間は正確に読めないので、人と会うときの約束は「何時頃にあのへん」。今は携帯があるので、お互いに着いたら電話し合えばいいでしょう？　だから、時間に対する緊張感が欠けているのかもしれませんね。

ツアーに参加してもいつものクセなのか時間についてはルーズになってしまいました。ガイドさんに集合時間を言われても「まだいいかな？」とか「もうちょっと待って」とか。周りのツアーの人たちも「レジの人の段取りが悪い」「商品が出てくるのを待っていた」といろいろ理由をつけては遅れるので、私も安心しましたけど。

浅草で観光中に、ついついショッピングに夢中になって、おまけに道に迷って集合時刻から三十分以上も遅れてしまったんです。中国にいるときなら携帯で連絡できるのにと思いながらも、バスに戻ったらガイドがあれこれ文句を言うので「みんないつも遅れているのに、どうして私にだけそんなに怒るの？」って怒鳴ちゃいました。

ツアー運営会社のBさん（男性・43歳）

我々がツアーを運営する時、最も困るのは「スケジュール管理」が思い通り行かないことですね。日本に来るのは今回が初めて、初の海外旅行という人も大勢います。いろいろなことに興味を持ったり、ショッピングの時間が延びたりするのは当然と言えば当然。そういう遅延を起こさないためにガイドは日程管理をしっかりしなければならないのですが、ツアー客の言いなりになってスケジュールを破たんさせてしまうこともありますね。極端な例では、突然観光をやめて、別のところにショッピングに行ったり。

面倒なのはバス会社との折衝です。コスト管理が厳しい中、バス会社は当初の日程から少しでも時間が延びたり、別のところに行ったりしたら、当然追加請求が来ます。それより問題なのは、ドライバーさんからの「次にどこに行くのか分からないような仕事ってないよな」といった苦情が多いこと。私は中国に行く日本人ツアーの手配もやっていましたが、スケジュールがどんどん変わることなんて記憶にありませんよ。

中国での実情

経済発展著しい中国。特に都市部ではクルマが急速に増えていて、道路整備が追いついていないのが現状だ。渋滞は日常茶飯事、公共交通網が未発達の街が多く、予定通りに行動できないこともしばしば。そんな交通事情の悪さが「時間を守らない理由や名目」を人々に与えているようだ。約束に遅れて行っても謝りもしないで「いやー、道が混んでいたから」の一言で終わってしまうことが多い。

日本の旅行会社のスタッフは「予定通りに日程を遂行することが至上命令」と叩き込まれているので、スケジュール管理に対して努力を払う。一方、中国のツアーでは、ガイドや添乗員の日程管理に対する配慮や努力が十分でなく、わがままなお客の要求に応えているうちにどんどん遅延していってしまう。

また中国では、ホテルやレストラン、旅行客向けショッピングセンターなどで働くスタッフへの訓練が充分なされていないことも時間の浪費が起こる要因となっているようだ。

中国人観光客の反応

さまざまな理由で時間の遅延が起こる中国での暮らし。約束時間を守らないことで起こる弊害に対し、さしたる問題意識を感じないのだ。そんな人々が日本に来たからと言って、急に時間に対する考えが変わるとは思えない。好む、好まないに関わらず、中国の人たちは「時間の遅れに寛容」なことを理解しておく必要がある。良く言えば、大陸的でおおらか。細かいことは気にしないということなのだが。

また、ツアー客の中には自分の意見や希望を通すために、時間の浪費も考えずガイドに要求を言い続ける人も少なくない。それがもめ事に発展したら十分や十五分はあっという間に過ぎてしまう。別のツアー客が止めに入れば良いのだが、それぞれが「別の機会に私も主張しよう」と思っているふしがあり、見て見ぬ振りをすることもしばしばだ。

日本人の常識では信じられないだろうが、お客が「このツアー日程はつまらないから、こういうふうに変えてくれ」と要求、本当にガイドが迎合してスケジュールを変更してしまうことが往々にあるという。これでは予定通りにツアーが進むわけがない。

傾向と対策

手配担当者はツアーの日程に沿ったかたちでアレンジを行っている。しかし、Bさんは現状をこう嘆く。「日本ではバスが故障することなんてまずあり得ませんよね。バスには渋滞情報を受け取れるカーナビなども付いているので、何も起こらなければを割と正確にスケジュールをこなせるはずです。ところが、ツアー客のルーズな行動、迷子の発生などさまざまな原因で日程が破たんして行くんです」。

時間を守る、守らないという問題は日本人の間でも起こり得ることだし、嫌と感じるかどうかも人によって基準が違うだろう。

細かいことは気にしない、おおらかな人たちだということを前提に、大きな気持ちで対処していこう。もちろん、ツアー客などと関わっていく上で我慢の範囲を超えるような事態が起これば、きちんと手配元に改善を求めよう。

中国では渋滞で予定通り動けないのが当たり前。
大陸の人は、おおらかで細かいことは気にしない。
大きな気持ちで対応しつつも、泣き寝入りせず伝えよう。

けんかしているのかって？

↓楽しくおしゃべりしているだけなのに。

視察で訪日したYさん（男性・55歳）

友好都市との交流行事に引率したメンバーはすべて自治体の役人たち。どちらかといえば「権力の側」にいる人たちだから、特権意識が強い。つまり平気で威張る、横柄にものを言う、中国の田舎にはまだこういう人たちがいるわけだ。

日本に来てもその態度は変わらず。変に偉ぶってズボンのポケットに手を突っ込んで、どこに行っても平気で大声で話す。笑い声も大きい。おまけに、平気であごで人を使ったりする。

ホテルの喫茶店でのこと。彼らは普段と同様に早口、大声で雑談をしていたら、店員さんが飛んで来て「ほかのお客様から苦情が出ているから、そこでの口論は止めてほしい」と言われた。そう通訳が伝えたら、さらに大きな声で「われわれは普通におしゃべりをしているだけなのに、どうして文句を言われるんだ」と怒り出し、かえって逆効果。最後には「こんなところに金なんて払うか」と怒鳴り散らし出て行った。

こういう反社会的な人が役人とは。そんな国に住む中国人の一人として本当に恥ずかしいよ。

ツアーガイドAさん（男性・30歳）

ツアーの日程の中に「新幹線体験乗車」というオプショナルがあります。京都から新大阪まで十分ちょっと乗るだけなので、あっというまに終わっちゃいますけど、それでもトラブルが起こるんですよ。

日本の電車って、携帯での会話が禁止されているほど、とても静かですよね。そこへ中国人グループが乗り込むとどんなことになるか想像してみてください。最近は中国にも高速列車が走っていますが、大半は新幹線の速度感をここで初めて体験しますから、思わず大声ではしゃいでしまうのも無理はありません。家族連れなら、周りのお客さんの迷惑も考えないで傍若無人に写真を撮ったり、大声で子どもを呼んだり。

大きな声で話をしている我々に対して、たまりかねた乗客から怒鳴られたことがありました。「周りはこんなに静かなのに、なんであんたたちはそんなにうるさいんだ。ここは日本なんだ。日本の習慣に従え」と。

あれ以来、ボクはトラブルにならないように、できるだけ人が少ない車両を選んで乗るようにしています。

中国での実情

中国の人々は、自分の主張や要求をはっきり述べる傾向がある。勢い良く話すがために、日本人の中には「けんかしているように聞こえる」という人もいる。また、田舎の人々はどちらかといえば大きな声で話すうえ、役人たちの立ち振る舞いは得てして傍若無人に取られることもある。

上海を訪れたある日本人は「いやー、地下鉄の中で乗客が大きな声でおしゃべりしているのに驚きました。日本の電車って満員でもほとんど話し声は聞こえませんしね。車内から携帯でふつうに通話しているのもびっくりしましたし」と語る。彼をさらに驚かせたのは、レストランの店内がとてもにぎやかなことだ。「大勢で大きな声でおしゃべりしながら食事を楽しむ習慣は日本にはありませんよね。自分もあんなところで話をしながら食事したら楽しいだろうなと思いましたよ」。

日本では「空気が読めない」という意味の「ＫＹ」という言葉が流行ったように、人とのやり取りや場の雰囲気を『言葉』ではなく、『空気』で読みとらねばならない社会だ。一方、中国の人々はとにかく声に出して自分の意見を主張する。だから、大勢の人々が集まる場所がうるさくなるのは当然のことだ。

中国人観光客の反応

人とのコミュニケーションにおいて、日本が「察する文化」だとしたら、中国は「主張する文化」だ。日本人が中国に行って「とてもうるさくていやだ」と思うと同じレベルで、中国人が日本の通勤電車に乗ったら「静かで気持ち悪い」というかもしれない。

不特定多数が集まる場所で、これほどまで「反応」が異なる日本人と中国人。ガイドのＡさんは新幹線車内で他の乗客から怒鳴られたという。中国の人々は「周りが静かだから、自分も静かにしなくちゃ」といった配慮はしないし、そもそもそんなことに問題意識さえも持たないだろう。

レストランでも「うるさいツアー客」の存在は嫌われる傾向にある。

大声でのおしゃべりとは別に、傍若無人な態度も反感を買う材料の一つ。もっとも役人や会社の上役が偉ぶって「ポケットに手を突っ込み、あごで人を使う仕草」は中国人にもウケが悪い。

傾向と対策

中国の習慣をそのまま持ち込んで、大声でしゃべるツアー客の存在。しかし、それに反感を持つ日本人が多いという現状をどこかで解決せねばならない。

ガイドのAさんは「せっかく皆さんが旅行を楽しみに来ているのに、これはダメ、あれもダメ、って言えますか？　私たちは学校の先生ではないいんですよ」と言う。おっしゃることはごもっともだ。ツアー客に対して、いかに束縛感を感じさせないで、大声で話すのを止めさせるかが当面の課題だろう。中国でもお寺の本堂の中や、劇場や映画館の中など、静かにしていることが要請される場所があるので「できない」わけではないが、これを続けろというのは無理がある。人それぞれの資質にも関わるため、解決には時間がかかると思って、気長につきあっていこうではないですか。

中国は、声を出して主張する文化。電車の中など静かすぎると居心地が悪いことも。静かにする必要があれば、きちんと伝えよう。

ここでたばこを吸って何が悪い！

外なんだから、構わないだろう。

ツアー参加者のCさん（女性・28歳）

最近の上海では、レストランやオフィスで分煙されているところがずいぶん増えました。私自身タバコを吸いませんからとても助かっています。地元のレストランへ食事に誘われると、最初に気になるのは禁煙席があるかどうか。最近は、分煙について無頓着な店には行くこと自体が嫌ですけど。タバコが嫌いな私のような人にとっても利用しやすいお店が増えているのは、嫌煙権が徐々に認められている証拠かもしれません。

今回、日本で見た感じですが、話に聞いている欧米先進国の喫煙率に比べると日本の方が率が高いんじゃないかしら。観光地に行くと灰皿のあるところでは必ず誰かがタバコを吸っていたような。ツアーのメンバーの中にも何人かの喫煙者がいました。禁煙と決められているバスの中ではとても居心地が悪そうで、停車すると急いでまず一服。でも、日本でも割とそういう人が多いみたい。

中国の田舎に行くと、あたりかまわずタバコを吸う人がいるんですけど、さすがにツアーの中ではそこまでひどい人がいなくてよかったかな。

視察で訪日したYさん（男性・55歳）

日本に来るにあたって、引率する役人たちの立ち振る舞いがどんな感じのものかと正直心配だった。ことあるごとにさまざまな問題を起こしそうだったし。

タバコのこともその一つ。そもそも「人から注意を受けたことがない立場の人たち」。それに中国の田舎なんて公衆道徳についてそれほど理解が進んでいない。しかも、ひどいチェーンスモーカーもいて。どんなことになるのかだいたい想像はしていたんだが……。

駅のホームでは、最初、喫煙所を探して吸っていたのだが、そのうちに「あそこまで行くのが面倒だ」とか言い出して、好きな所で適当に吸い始め、それも何人かがまとまって吸ったり。ついに監視カメラに映ったようで、駅員が「禁煙ですよ」と注意に来た。もっともそんな指図に従うような人たちではないからな。「灰皿がないからここで吸った。屋外なんだからどこで吸おうが構わないだろう」と開き直る始末だ。言葉が通じない駅員さんには何を言ったか分からないだろうが、表情から「社会のルールが守れないこんな人は仕方がない」という気持ちが読み取れてつらかったよ。

中国での実情

中国は世界一の喫煙王国と言っても過言ではない。上海では毎年秋にF1グランプリが行われるが、ここでは全世界で唯一「タバコの広告」の掲示が認められている。大勢で会食する時にお酒とともにタバコを振る舞うのは日常的なことだ。

ただし公共の乗り物の中では基本的に禁煙だ。タクシーも禁煙にしている街が多いが、肝心の運転手自身が守れないという実態もある。空港ターミナル内では諸外国と同様、喫煙室が設けられている。

近年、中国でも嫌煙権や受動喫煙の問題が語られるようになり、都市部住民の間では徐々に禁煙に対する理解が広がり、例えば外国人の出入りが多いレストランでの分煙は徐々に進んできた。地方都市で自治体の衛生関係部門が禁煙を呼びかけるなどの運動を進めているが、強制的にルールを守らせようとしている感じも否めない。

中国人観光客の反応

ツアーバスが禁煙なのはチェーンスモーカーにはつらいことだ。観光地に着くとバスから降りるなりあわてて夕バコに火を付ける。ツアー客に話を聞くと「外国ではタバコが自由に吸えないところが多いと聞いていたけど、日本は割と寛容なので助かった」という声が多い。

確かに、中国人の旅行者も多いシンガポールでは屋外でもタバコを吸ったら罰金、香港でも不特定多数が集まる場所のほとんどが禁煙になっている。

電車のホームの喫煙所に集まってタバコを吸う姿はなかなか興味深いらしい。ちなみに、中国の地下鉄駅構内にはタバコを吸える場所はない。

日本では「灰皿のあるところではタバコを吸っても良い」という暗黙の了解があり、その反対に「灰皿のないところでは吸わない」ように意識している人が多いが、ツアー客の中には「そもそも灰皿に吸い殻を捨てる意識が希薄」な人もいて、あたり構わず吸ってしまうことも少なくないようだ。

傾向と対策

ガイドのAさんいわく「バスが止まるやいなや駐車場ですぐにタバコを吸いたい気持ちは分かります。でも、吸い殻は地面にポイ捨て。累々と溜まる吸い殻の山には心が痛みます」と。

駐車場で吸われるのは不愉快だと思う店主は多い。かといって、吸い殻が散らばるのは看過できない。ならば、不本意であっても「灰皿を用意する」という解決策を考えねばならない事態も出て来よう。

また「歩きながらのくわえタバコ」が条例違反になる場所について、ガイドは一生懸命に説明しても「どうして外で吸っているのがダメなのか？」とツアー客の理解は得にくいようだ。ちなみに、たくさんの観光客が訪れる横浜中華街周辺はくわえタバコ禁止になっていて、沿道を監視している係員は違反者を見つけ次第遠慮なく注意して、協力をあおいでいる。

さすがに、禁煙個所でスパスパ吸うようなモラルのない人はかなり減ったが、地方からやってくる公衆道徳の意識が低い人は場所にかまわず平気で吸ったりする。こういうケースでは遠慮なく、即注意するよう心がけたい。

中国はまだ喫煙天国。
吸ってはいけない場所があるのは知っている。
禁煙場所は明示して、即注意を。

マナー④　列に並ぶということ

せっかく並んだのにここじゃないって！

そんな難しい並び方分からない。

ツアー参加者のDさん（男性・40歳）

妻が、都内のある駅でトイレから戻って来るやいなや、興奮して話を始めたんです。「空きを待つ列の並び方が中国とは違う」と。

僕は意味がよく分からなかったので、様子を聞くと、入口に近いところで一列に並び、空いたところに順番に入るのだと。確かにそれなら不公平はありませんし、効率もよいのでしょうね。

試しにガイドさんに「一列で並んで待つ例は他にありますか？」と聞いたら「銀行ATM利用者の列」という返事が。二十四時間開いている銀行に入ってみたら確かに「人々が並ぶロープ」が引っ張ってありましたね。

その後僕も駅のトイレで順番待ちの列を体験しました。見知らぬ人同士が秩序を守る習慣っていいですね。かまわず割り込んで来る中国の無秩序な状態は変だということを改めて認識しました。

ツアー参加者のEさん（女性・38歳）

デパートに行ったときのこと。習慣が分からずに恥をかいてしまいました。

トイレに入って、ドアの前に誰もいなかったので、次に入ろうと待ったのです。そうしたら、後ろから声が。振り向いたら私に何か話しかけるんです。とにかくこのまま個室に入ったらまずいと思い様子を見ていたら、一列に並んで、一番前の人から順に個室に入るということが分かりました。私も改めて列の後ろに並び直しました。こういう習慣は中国にはあまり普及していないので、私が分からなくて当然ですけど、ユニークな方法だなあと感じました。

列と言えば、駅のホームで整然と並ぶ人々を見て驚きました。それに、電車は必ず降りる人がいなくなってから乗り始める。日本では当たり前なんでしょうけど、中国の人たちはそれができないのです。日本に来る前、上海に立ち寄ったのですが、地下鉄から降りようとしたら、我々より先に人が乗り込んで来て、娘は怖くなったのか思わず泣き出してしまいました。東京はもっと人が多いと聞いていたので、果たして家族3人で電車になんて乗っても大丈夫なのだろうかと心配だったのですが、周りの人たちの中には、子ども連れの私たちに気を使ってくれる人もいて、娘もうれしそうでした。

中国での実情

困ったことに、中国では「並ぶ」という行為が未だ定着していない。例えば、北京ではオリンピック開催前から市民の意識を高めようと、バス停や地下鉄駅に係員を配置、整列乗車を心がけるようにさまざまな運動を行ったが、残念ながらその後習慣が定着した様子はない。

上海でも地下鉄では「先乗り後降り」。電車が来るたびにホームでは大混乱。Eさん家族も日本に来る前に立ち寄った上海で、娘さんが「思わず泣き出してしまった」そうだが、確かにあの勢いは大人でも怖いと感じるほどだ。

日本の銀行のATMや駅のトイレなどで行われている「くし並び」。中国ではまだあまり定着しておらず、実例としては空港の出国審査のところで行われている程度だろうか。たいていの中国人はくし並びについてそれほど理解していないようだ。

田舎では、そもそも列に並ぶ習慣があるかどうかさえも怪しい。駅の切符売り場では列の両側が鉄さくで固めてあるが、それでも横入りしようとする。ファストフード店の列でも平気で割り込み。バス停ではバスが来るたびにドアに向かって一斉に突進、高齢者に対する配慮などあるのだろうか？

中国人観光客の反応

残念なことに、今の中国で「並ぶ習慣」が定着しているかと言えば、答えはノーだ。現実問題として、こういった人たちが買い物にやって来たら、秩序を保つことはなかなか難しい。

例えば「レジの列に並ぶ」といったごく当たり前のことでさえ、その順番が守れない人がいる。「時間がない」とか「面倒だ」と平気で割り込む。日本では「旅の恥はかき捨て」という言葉があるが、文字通りそういう行為を行う中国人観光客がいるのだから困りものだ。

「くし並び」の習慣を知らずにトイレを利用してしまうのはある意味やむを得ない。日本でも当初はルールが分からず戸惑う人や、知らずに列を飛ばしてしまう人もいたからだ。

「ゴミのポイ捨て」と並んで「列に並ぶ、並ばない」の習慣は、個人の資質に関わる問題だ。それぞれの意識がどう高まるかが一番のポイントなのかもしれない。

傾向と対策

日本ではトイレでの整列で一般的になった「くし並び」。もともと並ぶ習慣に疎い中国の人々にはなかなかなじまないようだ。

「くし並び」を作るには、銀行のATMの列で一般的に行われているような「ロープを使って一列に並んでもらう」方法は割と有効だろう。列の先頭側に係員でも置けば、さらに分かりやすい。それでも「列を無視して直接レジや窓口に向かったりする人」がいるだろうが、そういうケースでは対応をお断りした上で「列に並んでもらう」ように案内すれば良い。

それでもなお、自分の都合しか考えないようなツアー客がいる。ガイドのAさんは「公共道徳の意識の高い日本人の行動を見習ってほしいなと思いますが……。そんなことなんて関係ないと思っている人が多いのが実情ですね」と嘆く。

中国では「並ぶ」習慣が定着していない。くし並びはそもそも見たこともない。戸惑っている人には並び方を教えてあげよう。

人前で注意しないで！

↓こっちが悪くても、人前だと許せない。

ツアーガイドAさん（男性・30歳）

日本のデパートやお土産店には、サンプルが試食用に置いてあるところが多いじゃないですか。あの習慣はお客様には好評です。「あのおまんじゅうはおいしかった」「あんなのまずくて食べられない」などと批評し合うのを聞くのもおもしろいです。

でも、ショッピングでお連れしたある食品店でのこと。一人のお客様が、売り物を試食用だと思って食べてしまったのです。店員さんが「ダメですよ、売り物食べちゃったら！」と大声で注意したら、それからが大騒ぎ。お客様の方が「なんだと、知らずに食べちゃっただけなのに、どうしてそんな大声で言うんだ！」と逆ギレ。大勢の前で文句を言われ「メンツをつぶされた」「体面が傷つけられた」と感じたのでしょう。後で事情を聞いたときもまだずいぶん怒っていました。

中国では自分が悪いと思っていても「あなたの肩、当たったでしょう」とか「ねえ、足踏んだじゃない！」と人前で怒鳴られると許せず怒鳴り返し、大声でののしり合いが始まることも珍しくありません。

視察で訪日したYさん（男性・55歳）

友好都市との行事などを終え、中国に帰る前夜、空港近くのホテルでまた問題が起こったよ。「オレは○○より地位が上なのに、あいつの部屋の方が良い部屋だ」と言い出したんだ。日本側の旅行会社を通じてホテルにはあらかじめ「団体内での肩書きとその序列」を知らせて、部屋の割り振りに注意するように伝えてはあったのだが。

実際に部屋に行ってみて分かったのは文句を言って来た役人の部屋は広くて使いやすそうだが、別の方は窓から空港が見渡せるんだよ。一晩寝るだけだからどうでも良いのにと思ったが、窓の外に広がる空港の夜景はそれなりに美しかった。それに、彼らは一度「メンツ」をつぶされると収まりがつかなくなる。

ともあれどうにかして解決してくれとホテル側に話したら「ならば、空港が見える側の部屋を用意します。部屋の広さは小さくなりますが良いですね」と速やかに対応してくれたよ。地位の高い人を少しでも良い部屋に入れようとしてくれたホテル側の配慮を無駄にするようで申し訳なかったな。

中国での実情

日本語でも使われる「メンツ」という言葉は、中国語の「面子（ミェン ツ）」を語源とする。そのままの意味は「顔」だが、それが「面目」や「体面」という意味で使われるようになった。

中国にも日本にも、人間関係において「体面」や「面目」を大事にする文化がある。

特に中国では、序列や肩書きを必要以上に重んじる傾向がある。例えば、これを尊重しないで会議やパーティでの席次や、ホテルの部屋割りなどを決めたりすると非常に大きな問題になる。地位の高い人に、少しでも良い席や部屋を確保しようと、周りはとても気を使い、それが達成できたときは、関係者全体の満足につながっていく。

「体面」を大切にするという点は、地位の高い人だけでなくふつうの人にとっても大事な問題だ。中国に行くと、一度や二度は街で人々が大げんかをしているのを目にするだろう。通りで肩が触れたとか、電車の中で足を踏んだとか踏まないとか、そんなような些細な原因で大騒ぎになる。

中国人観光客の反応

日本人にとって「あたりまえ」の反応をしただけなのに、ツアーで日本を訪れた中国の人が「メンツをつぶされた」と感じてしまうケースがままあるという。いろいろなエピソードをさまざまな人から聞くが、それらの経験は「日本の習慣を知らない中国の人が『無意識にやってしまった行動』を日本人になじられた」ことに集約されるようだ。

食品店で「売り物を試食用だと勘違いして食べてしまった」ケース。最近は外資系スーパーで試食を行っているところもあるが、多くの中国人にとって「試食してモノを買う」のは日本に来て初めて経験することかもしれない。お店で試食品がお皿に載っていれば分かりやすいが、このツアー客はカゴに入っていた「量り売りのチェリー」をつまんで食べてしまった。店員が「あんた、食べちゃったの！」と注意するのは当然といえば当然だが。一方のツアー客は謝るどころか、メンツを守るために「怒鳴るとはまかりならん」と大反論。店員がひっこむことでこの場は収まったが、担当ガイドの話では「その後も相当怒っていた」という。

中国でならさしずめ、たとえお客と店員との口論でも双方が納得するまでののしり合いが続いただろう。

傾向と対策

ホテルのマネージャーに聞いてみた。

朝食の時、フロアスタッフとのトラブルがよく起こっているらしい。

三～四人のグループがバイキングの料理が並ぶテーブルを取り囲み「あれがうまそう、これをもっと取ろう」と大声でやり取り。フロアスタッフが「他のお客様に迷惑になるから静かにしてほしい」と注意すると「こんな大勢の前でおれに注意しやがって。格好悪いじゃないか！」と怒鳴り返してきたとか。

このホテルではその後日本語が分かる中国人スタッフを入れ、ツアー客などへの対応を行うようになったという。

言葉に出して言わなければ察してもらえない人たちだが、トラブルを悪化させたくなければ絶対に人前で注意するようなことは避けよう。


メンツをつぶされることは大問題。

自分が悪くても、人前で言われると怒りを買う。

絶対メンツはつぶさないように配慮しよう。

バスタオルのまま湯船に入っちゃダメ？

裸でなんて恥ずかしくて入れない。

ツアーガイドAさん（男性・30歳）

温泉体験は、お客様が楽しみにしている旅のメニューの一つです。日本の旅行ガイドや映像を見たことがあるお客様も多いですね。「露天風呂でのんびりしてみたい」とあこがれるようです。

一方、中国にはたくさんの人と一緒に裸でお風呂に入る習慣がありません。せっかく温泉旅館にお連れしても「裸になるのが嫌だから」と入るのを止めちゃうんです。もったいないなあと思います。

同じ中国系でも、台湾の人々はもともと現地に温泉があるので、日本に来ても違和感なく楽しめるんです。なかには「どこどこの温泉は、○○の効能がある」とか「○○温泉は掛け流しだから」とか日本人顔負けの知識を持つ人もいるんですよね。

「裸は嫌だけど、温泉のお風呂で記念に写真を撮りたい」と、何人かが普通の服のままで浴場に入って行っちゃったこともあったんです。確かに中国にはああいう雰囲気のところはないのですが…。入浴中のお客さんはきっとびっくりしたでしょうね。

ツアー参加者のCさん（女性・28歳）

「日本に行ったら温泉に入れる」ととても楽しみにしていました。私が写真で見た温泉は、お風呂が岩で作られていて、周りに木が生えていたり。温かそうに湯気も上がっていて、あんなところで手足を伸ばしてのんびりできたらいいなあと、いろいろ期待しちゃいました。

なのに、ようやくたどり着いた温泉旅館で、お風呂に案内されてびっくり。温泉はきっと公園のような広いところにあると思っていたら、実は室内にあって、とても狭い。数人で入ったらもういっぱい。確かにお風呂の周りには岩が積まれていたけれど、とても自然のものとはほど遠く、コンクリートに囲まれている感じ。想像と全然違っていてショック。中国にあるプールのような温泉の方がよほど快適だと思いました。

それに中国ではそもそも、大人数で裸になってお風呂に入る習慣はありません。中国の温泉やスパ施設には、男女別のロッカールームに付いた浴場やサウナがありますけど、そこに入るときもたいていは水着着用のままです。私は見知らぬ人と湯船に入るのは気がひけてくつろげないし。残念でしたけど、お部屋に戻ってお風呂に入ることにしました。

中国での実情

日本で体験してみたいアクティビティとして人気なのは「温泉での入浴」。日本に行くことイコール温泉に行ってみたい、雪景色でも見ながら露天風呂でのんびりできれば最高と、さまざまな想像と期待で胸ふくらませる人も少なくない。

中国にも温泉そのものは各地にあって、巨大温水プールのような大規模なスパ施設を持つところもある。ちなみに、日本のマラソン選手が雲南省の昆明郊外でトレーニングをする話はよく聞くが、その選定理由は高地だからという理由だけでなく、宿舎に温泉が湧いていること。ホテルの設備もそこそこ良いので、訓練地として好適なのだろう。

そんな中国の温泉スパに行くと、まず受付で「水着要りますか?」と聞かれる。ジャグジーや流れるプールなどがある施設は、男女が一緒に入るように作られているので水着を着て入るのが当然だ。もっとも、欧州にある多くの温泉施設も日本人の目にはプールのようなつくりのところがほとんどだ。

中国人観光客の反応

中国の人々が日本で温泉に入るとなると、いきなり羞恥心の固まりと化す。公衆の場で裸を見せる習慣がないため「温泉体験」イコール「恥ずかしい体験」となってしまう。中国での温泉入浴と同じように水着を着て入ろうと、しっかり持参して温泉体験に挑む人も少なくないし、タオルでばっちり身を隠して浴場に現れることもめずらしくない。

ガイドはツアー客に対し「温泉のお風呂にタオルを入れるのは禁止」と口をすっぱくして注意するのだが、恥ずかしさでいっぱいなのか、バスタオルで簀巻きの格好で湯船へと飛び込む。

さらに、温泉で最も困るのは、浴場での「大声」だ。

湯船に手を入れては熱いだの、からだに巻いたタオルの取り合いが始まるだの。上がるのは話声を通り越し「悲鳴」。楽しみにしていた温泉体験だからこそ、気分も高まるし、恥ずかしさを隠すのに思わず大きな声が出てしまうのだろう。

「温泉にのんびりしに来ているお客さん」にとって「静寂を打ち破る中国の団体さん」はつらい存在以外

の何ものでもない。まあ、にぎやかさでは負けない日本の女性団体客もいるかもしれないが。

傾向と対策

ツアー客が温泉でさまざまな問題を起こすのは想定内のこと。しかし、旅行日程から外すことができない。手配担当のBさんは「大声ではしゃぐ中国人客の受け入れを拒む宿泊施設も少なくない」と頭を抱える。日本人の一般客への迷惑を最小限に防ぐために、随行ガイドはできるかぎりの説明をするがなかなかうまくいかない。

問題解決のために、温泉の入り方などを中国語で説明するプリントやポスターを手配会社とともに作ってみるのはどうだろうか？　中国人ツアー客の受け入れを行っている会社なら、温泉でどんな問題が起こっているか十分に把握している。施設側と関係が決裂して困るのは手配会社だし、施設の方もせっかくの集客源を自ら断ち切ることを避けたいのは当然だ。双方で問題点を出し合って、解決案を探るのが合理的な方法ではないか。

中国の温泉は水着を着て入るもの。
知らない人と裸で入るのは抵抗あり。
温泉の入り方案内を作ってみては。

缶を捨てるなって?!

↓空き缶持ってても仕方ないよ。

ツアー参加者のFさん（女性・50歳）

「ねえ、あなた！　足下にゴミ捨てないで！」バスの中でガイドさんから注意されて、とても驚きました。

私がふだん食事に行っているお店では、要らない箸袋とか飲み終わったビン・缶類を床に捨てています。通りにある商店の人たちは道路に向かってゴミを平気で投げたりしていますから、これまでゴミ捨ての習慣を気にしたことはありません。

後でガイドさんに謝りつつ、でも「要らないものなんて持っていても仕方ない」と言ったのです。そうしたら「いえ、日本ではゴミはきちんとゴミ箱に捨てる習慣があるので、むやみにゴミを捨ててはいけないのです」と。私たちが乗っているバスにもゴミ箱が備え付けてあると説明を受けました。

確かに、バスから外を見るとゴミはほとんど落ちていません。今まで意識したことはなかったですが、日本のように清潔なところで暮らすのってきっと気分がいいんでしょうね。

ツアー運営会社のBさん（男性・43歳）

手配先のバス会社さんから口癖のように「仕事は欲しいから引き受けるけど、お客が床に捨てて行くゴミ、あれ、なんとかならない?」と言われます。

私も中国の田舎の出ですから、ツアー客がゴミに対して無頓着なのはよく分かります。バス会社の担当者と電話でこの話になるたびに「ガイドに徹底しますから」と謝るのですが、ガイドの中にはゴミに対する意識が低い人もいて改善されません。時間の遅延とともに頭の痛い問題です。

バス会社から話を聞くと、ツアーが終わるたびに車内はゴミだらけ。日本人が利用したときと比べて、清掃の手間は倍以上の時間がかかるそうなんです。それほどまでにツアー客のゴミに対する観念が低いとは……。

お客様に対して「床にゴミを捨てない」などの注意事項を書いた紙を作って配ろうとガイドたちに提案したのですが、彼らは「お客の気分やメンツを損ねる」「われわれがきちんと説明するから安心してほしい」と言われ、依然そのままになっています。

もう一つ困るのは、日本の街中にはゴミ箱が非常に少ないこと。駅のゴミ箱も大多数が撤去されていますし、街路などにはまず置いてないですよね。「捨てる場所がないから、仕方なくバスに残した」というツアー客からの反論もあって、なかなかうまく行きません。

中国での実情

中国の長距離列車の床は、いつもゴミだらけ。

乗客は、剥いた果物の皮、カップ麺の容器、ナッツ類の殻などありとあらゆるものを床に捨てる。時々、各車両に乗っている「服務員」が掃除に来るのだが、ほうきで集めるゴミは想像を絶する量。まるで生ゴミの中に座っているのかと思うほどだ。

列車のケースは、公共の場における人々のゴミに対する意識が分かる一例と言えよう。もっとも最近では、ビジネスパーソンの利用が多い高速列車も走るようになり、その車内は極端にきれいだったりするが。

人々のゴミに対する姿勢は、ある社会における文化的生活の成熟度を計るバロメータとも考えられる。中国では一つの都市の中でさえも「ゴミが多いエリア」と「ピカピカなエリア」が両極端に存在する。外資系企業が集まるオフィス街は見事に清掃されているが、地方からの出稼ぎ者たちがたむろする駅前にはゴミが累々とたまっている。

今、中国では所得格差が大きな問題になっているが、文化的格差も開き始めていることも忘れてはならない。

中国人観光客の反応

上海在住の外資系に勤めるＯＬ・Ｃさんは、そんな「ピカピカなエリア」へ日々通っている一人だ。「今回ツアーに参加してホントに参っちゃったのは、他のツアー客たちの振る舞いでした。バスの床にはゴミを捨てる、タバコを吸えば吸い殻はポイ捨て。日本の街があれだけきれいに清掃されているのに、それに習おうとしないのは彼らの問題意識が欠如しているからだと断言できます」

一方で、Ｆさんのように地方都市出身で、ゴミに対する意識が比較的低い人もツアーに参加する。中国の長距離列車に乗っている感覚で、バスの床にどんどんゴミを捨てたら、バス会社がクレームを上げるのも当然だ。

飲料を飲んだ後のペットボトルや空き缶を適当に放置する、かんだガムは紙に包まないで捨てる。特に文化財の見学に行く時などは、ガイドが改めて注意徹底すべきだろうが、なかなかそれも思うように進んでいないようだ。

傾向と対策

「そろそろバス会社が『おたくのツアーは受けない』と言ってきそうで……」とツアー手配会社のBさんは嘆く。お客の中にはCさんのような人もいるが、中国全体から見たらまだ少数だ。

「ゴミ捨てについてガミガミ言ったら、お客に嫌われる」

ツアー客に取り入って、少しでも成績を上げたいガイドたちは、わざわざ小言を言ってお客の不興を買うことはしたくはないのだろう。ゴミくらいはきちんと片付けてくれると気分がいい、という客層も出て来ているが。

中国の長距離バスや大衆食堂には、椅子の脇にゴミ箱を置いていることが多い。日本の習慣にはなじまないが、中国では一般的だ。ポイ捨てされた後を片づける面倒を思えば、ゴミ箱の設置は意外と効果の高い解決方法かもしれない。

中国では、お店でも列車でもゴミは床に捨てるもの。バスや食堂には椅子の下にゴミ箱がある。張り紙で注意し、ゴミ箱を準備しておこう。

マネー① デビットカードでお買い物

銀聯《ぎんれん》カードが使えない?!

➡ほかの店に行っちゃうよ。

ツアー参加者のDさん（男性・40歳）

夜、妻と東京の街に出てみた時のこと。夜遅くまで開いているお店が意外と多くて「何か買い物しようか?」ということに。しかし、ちょっとお茶を飲んで帰ってくるつもりだったので、お金はあまり持っていませんでした。

中国の銀行のATMは二十四時間開いていて、どこの銀行でもお金がおろせます。でも、日本で僕が持っているカードでお金が引き出せるとは思っていませんでしたし。そもそも夜遅く使えるATMは近くにはないようでした。

飲み物でも買おうかと、近くにあったコンビニに寄りました。そこにあったATMは夜でも動いているんだと機械をのぞき込んでびっくり。中国の銀行カードに付いている「銀聯《ぎんれん》」のマークが貼ってあるんです。

「これでお金を下ろせるかも?」

半信半疑でカードを機械に入れて、暗証番号、金額を入れたら、なんと現金が出て来たではないですか! しかも案内表示は中国語で読めて、なんの不安もなく利用することができました。

ビジネスで訪日したXさん（男性・35歳）

海外出張に行くとき、クレジットカードは必需品と思っています。でも、中国ではたいていのお店で「銀聯」で支払いができますから、クレジットカードが思ったほど普及していないようです。

意外だったのは、日本のカメラ・電気製品の量販店で「銀聯」が使えたことです。しかも「銀聯」利用者に一割引のサービスもあり、嬉しいというより驚きでした。取引先の案内で食事に行った横浜中華街のレストランにも、店頭に「銀聯」マークが貼ってあるところをちらほら見かけました。

「銀聯が使えるなら、いくらでも買い物できるぞ！」と、急にお金持ち気分になったメンバーもいたり。その後、有名デパートでも使えることが分かり、さらに意気が上がりました。

でも、あるお店で「銀聯」の利用可否も調べないで、買い物を始めてしまったのです。それで「さあお金を払うぞ」というタイミングで「銀聯」が使えないことが判明、すっかり買う気でいたうちのメンバーと、売る気でいた店員の二人はともにがっかり。どうしても買いたいというので急遽私のクレジットカードでその金額分を立て替えてあげました。

中国での実情

中国は依然、所得格差が大きいため、大多数の人々は銀行からの信用が得られずクレジットカードを持てない。そんな背景の下、買い物の時にATMカードを使って即時決済するデビットカードを応用したシステムが中国では一般化した。これが「銀聯ネットワーク」である。ただ面倒なのは、ATMの引き出し制限額が一回（場所によっては一日）二千五百元から一万元と非常に少ないこと（二〇〇九年現在）。日頃、まとまった金額を動かしている人は、複数の口座に資金を振り分けて、何枚ものカードを使って引き出すという「対策」を講じていることも少なくない。

日本から中国へ行くビジネスパーソンが増えたことや、外国発行のクレジットカードは断られるが「銀聯」なら使えるという場所が圧倒的に多いため、三井住友カードで「三井住友銀聯カード」（デビットではなくクレジットで決済）を発行している。

中国人観光客の反応

Dさんは都内のコンビニでたまたま「銀聯」が使えるＡＴＭを見つけた。「銀聯」と繋がっている金融機関のＡＴＭは国内にたくさんあり、セブン銀行をはじめ、ゆうちょ銀行（郵便局）のほか、三井住友銀行、三菱東京ＵＦＪ銀行の端末で利用できる。

また、中国人ツアー客の利用が多いデパートや量販店では「銀聯」利用者への特別ディスカウントも行っている。秋葉原の電気店や空港の免税店、さらに横浜中華街の有名店などでも使える。

ツアー客の一人は「我々が行くようなお店では、たいてい利用できた」と語っている。一方、どこでもイケると過信して「会計するときになって、利用できないことが判明」するケースもあるが。

旅行客が中国から出国する際、人民元現金の持ち出しには制限がある。しかし「銀聯」を使えば、日本ほか海外各地の加盟店で口座残高の上限まで買い物できるようになっている。

傾向と対策

日本への海外旅行が解禁された二〇〇〇年には、中国から海外への人民元持ち出し額は六千元まで、外貨への両替も現在とは比べ物にならないほどの面倒な手続きがあった。その後、二〇〇二年に「銀聯」が登場。やがて、同カードを使った日本国内でのATM出金やカードによる買い物が可能になり、中国からの観光客は「持ち出し制限額」というルールを意識する必要がなくなった。今では「口座にお金がある限り」買い続けられるという状況に進化している。

デパートや量販店での「銀聯」利用客に対するプロモーションはさまざまなかたちで行われているが「銀聯カードを使えば一割引」というプランは、さすがの中国人もびっくり。そのうえ、お店では消費税の免税手続きもしてくれるので、最終的に日本人が普通に買い物するより十五％ほど安い値段で買えるわけだ。コンビニなどにあるATMマシンでの引き出しが可能になったことで、現金が底をついてしまったツアー客への案内もずいぶん楽になったようだ。

日本で「銀聯カード」を取扱う加盟店の開拓、決済業務などは、三井住友カードで行なっている。中国人客の取り込みに強力な武器になるだろう。

銀聯カードは中国人のお財布代わり。銀聯が使えれば購入額を上方修正できる。加盟を検討してみては。

どうして負けてくれないの？

たくさん買ったら、値引きは当然だ。

視察で訪日したYさん（男性・55歳）

見栄っ張りと太っ腹。中国の役人ってそんな人が多いんだ。

自分で「手下」だと思っている関係者に対しては、何かお土産を買っていかないとメンツが保てないのか、気に入ったものがあると二十個とか三十個とか大量に買っていたよ。

しかし、たくさん買うたびに値引き交渉でお店の人ともめる。その役人は「これだけ買ったのだから負けろ」と言うし、一方の店員は「ここは定価販売だから値引きなんて無理」と返す。中国と日本の習慣を考えればお互い当然のことを言っているので、いつまでたっても話はまとまらない。

買い物でもめるたびに、私が間に入ったのだが、その役人は「オレは客だ。買う方の要求を店が聞き入れるのはあたりまえだ」とか「何か適当な理由をつけて特別に値引くように言え。中国の店ではみんなそうやっている」とか、日本では道理に合わない意見を言うばかり。とにかく困ったよ。

ツアー参加者のEさん（女性・38歳）

中国では昔からたくさん買うと値引きしてくれる習慣があります。でも、外資系のスーパーで品質の良い商品が表示金額で安く買い物できるようになってから「負けてよと言う習慣」が逆に面倒に感じるようになりました。どうも客を見て値引いたり値引かなかったりもしているようですし。

ツアーの中にも「たくさん買うから負けて」と交渉するメンバーの方がいました。日本では定価販売で値引きはしないと聞いていましたから、値引きを要求するやりとりを聞くと嫌な気分になりました。

合理的だなと思ったのは「○○個買うと一つ無料」というやり方。中国からの観光客は帰国するとあちこちにお土産を配るので、まとめ買いをしますが、例えば十個買ったら無料で二つもらえるといったルールは分かりやすくて良いと思います。これなら値引きを要求する面倒な人もいないでしょう。また「いくら以上買うと○%引き」という方法は、中国のスーパーやデパートでも盛んに行われていますから、ツアー客にも理解しやすいのではないでしょうか？

中国での実情

中国のデパートでまとまった買い物をすると、正札価格から値引きされることがある。日本を含めた多くの国ではあり得ないことだが、中国ではこういう「ウラ」サービスがある。古くからの商習慣で、消費者は「たくさん買ったから引いてくれ」と主張するし、店員も「これだけ買ってくれたんだから値引かないと」と思うようだ。もっとも、すべてのデパートで行われているわけではないが。

方法は意外と簡単だ。デパートが発行している優良顧客や株主向けの割引カードの「何枚か」を店員が持っていて、必要に応じて会計時に使用するというもの。せいぜい五%程度の値引きだが、買う方の満足度は意外と高い。なぜなら「普通では得られない、特別な割引が受けられる」からだ。

一般の商店では、値引き交渉はさらに露骨に行われる。買い手は初めから「この商品にはこのお金しか出さない」と決めていて、その数字に近づくまでさまざまな手を使って交渉に挑む。一方、売り手は「少しでも高く売れれば儲け物」と高めに値札を書くので始末が悪い。

中国人観光客の反応

正札販売が割と定着してきた大都市の人々と、市場などでの買い物の機会が多い田舎の人々との間では「値引きに対する感覚」にずいぶん差異があるようだ。日本に来ても、露骨に値引きを要求する人はおそらくどこかの地方都市から来た人だろう。

中国人の感覚では、店員が値引き要求に応じてくれると「良い買い物ができた」と思う。しかし日本には、そもそもお客が店員と駆け引きしながら値踏みする習慣はあまりない。そこで、そんな日本での買い物で中国人客を満足させるにはどうしたら良いだろうか？

量販店をはじめ、有名デパートでも行われているのが、中国のＡＴＭカード「銀聯」で買い物すると一割引くという方法だ。これは中国在住の日本人が一時帰国のとき「わざわざ銀聯カードで買う」とまで言うほどの大きな優待サービス、この特典を利用して喜ばない中国人はいない。

そのほか「六つ買うと一つ無料」のような「おまけ提供プラン」は、売る方にも買う方にも分かりやすいシステムで、菓子折りを大量購入するツアー客にも喜ばれている「値引き」方法と言える。

傾向と対策

ツアー手配担当者によると「ツアー客専用のお土産屋では、値引き幅を考慮して高めの値段を付けている」という。でもこれは「中国人客に対する中国的な習慣」を日本に持ち込んでいるだけのことだ。一方、日本の商習慣はといえば「正札での販売」が基本、そのシステムのおかげで信用が保たれているのではないか。

値引きを要求して来たら、お客の間での不公平感を起こさせないためにも「値引きは規定通りで。それ以外は表示価格通りでしか売らない」というスタンスを取るのが得策。売り場やレジでの混乱も少なくなるメリットもある。

それでもゴネてくるお客がいるのも否めない。どんな注意書きを書こうが、ガイドを通じて説明しようが、Yさんの体験談のように無茶を言う人も後を絶たず。それに屈して「意図しない値引き」を行うのは禁物だ。

中国ではデパートでも値段交渉可能。ちょっとした値引きでも満足度が高い。不公平が起きるならきっ然とした対応を。

えっ、この漢字が通じない?!

↓カタカナなんて読めないよ。

ツアー参加者のDさん（男性・40歳）

毎晩のように自分たちだけで街を歩いていて困ったのは言葉の問題でした。漢字を使う国だからなんとかなるだろう、いざとなったら漢字を書いて見せればいいだろうと思っていたのですが、細かい表現をしようとしてもなかなか相手に伝わりません。

ホテルに戻る途中、近くの駅がどこにあるか誰かに聞こうと思って「一番近い駅は?（最近的站?）」と書いて見せたのですが、さっぱり通じません。妻が「日本語では『站』は『駅』っていう字のはず」というので、改めて、地図と一緒に『駅?』って書いたら、すぐに「あっち」と指差して教えてくれました。そういえば、日本では『鉄路』と書いても通じないですね。『鉄道』とはいうそうですけど。

それから、日本の駅には中国語があちこちに書かれていて助かりました。中国では外国語の看板や表示は少ないです。日本にあるたくさんの中国語看板を見て、人々の中国に対する思いやりを感じました。そのうえ、鉄道や地下鉄の路線図は漢字で書かれているので、中国人でも読めばある程度分かります。あれは便利ですね。

ツアーガイドAさん（男性・30歳）

ツアーの日程表には「自由行動の時間」は組み入れられていないのですが、実際には東京なら銀座や秋葉原、大阪なら心斎橋などで散策時間を設けています。そこで考えておかなければならないことは迷子の発生です。ショッピングや見物に夢中になって、遅れて帰ってくるのは仕方がないとして、本当に道が分からなくなってしまう人がいるのです。

迷子防止のために、日本人に筆談で通じる書き方や目印になるお店や場所の名前をメモするように説明するのですが、意外と徹底しません。「秋葉原駅」とか「銀座四丁目」とかとメモしておいてくれたらそれで済む話なんですけど。

「漢字が読めるから大丈夫」だとか「必ずここに戻って来られる」といろいろ反論する人に限って迷子になったり、大幅に遅れて戻って来たり。

ボクの印象では、日本人が中国に行くと積極的に現地の人と筆談してコミュニケーションを取ろうと努力するみたいですけど、中国の人って筆談までして何かを伝えようとはしないみたいです。言葉が通じないという経験があまりないからかもしれませんが、その理由は何なのかよく分かりません。

中国での実情

日本も中国も漢字を使う国だ。しかし、漢字の旧字体（中国語の定義では繁体字）が日本で新字体、中国で簡体字に変化する過程で、字体が双方の間で大きく異なってしまった。日本語がまったく分からない中国人でも「日本で使われている漢字は、それがどんな字なのか分からないことはまずない」という。しかし、その逆、日本人には見ても意味が分からない簡体字がある。

お互いに通じ合いそうな単語としては『御手洗（中国語では、洗手间）』『地下鉄（同、地铁）』、『医院（ただし、中国では「病院」とは言わない）』など。一方、通じなさそうな単語の例では、都内で迷子になったDさんが悩んだ『駅（中国語では、站）』をはじめ、『電車（同、火车）』『新聞（同、报纸）』などがある。

始末に負えないのは『バス（同、公共汽车）』『タクシー（同、出租汽车）』など日本語の単語が外来語由来のカタカナ言葉のもの。これらの単語は意味さえ分かれば「なるほど」と思えるが、いきなり中国人に漢字を書いて見せられても、意味が分かる日本人はまずいないだろう。

中国人観光客の反応

中国に行った日本人が中国人に対し、筆談で意思を伝えようとするという話はよく聞くが、ツアーガイドのAさんが言うように「日本に来た中国人が日本人に何か書いて伝える」という話はほとんど耳にしたことがない。

しかし日本を旅行するのに「中国人は漢字が読める」という点で他の外国人と比べたら大きなアドバンテージがある。地名や駅名、観光地の名前が漢字でインプットできる外国人は中国人と一部の韓国人くらいだ。「○○駅」が「站」だということも一度聞けばすぐに覚えるだろう。場所の名前を漢字でやりとりできれば、多くの問題は解決できそうだ。電車の路線図はほぼ完璧に読みこなせるだろうし、看板に書かれた文字の多くも理解できるだろう。

中国からのツアー客が困るのは「ホテル名をどう覚えておくか?」という問題だ。日本にあるホテルの大多数は「カタカナ名」を使っているので中国人には読めないからだ。

傾向と対策

自分たちだけで外へ行きたい、という中国の人がいたらどう案内したらいいだろうか？

外国人観光客誘致活動「Ｙｏｋｏｓｏ Ｊａｐａｎキャンペーン」の影響か、街には中国語など各国語併記の看板がずいぶん増えたし、切符の自動販売機は中国語表示が出て来る機械もある。また字体は異なるが、漢字が読めるのは大きなアドバンテージ。中国人ビジネスパーソンに話を聞いても「自分たちで日本を歩くのに、大きな問題は感じない」という意見が多い。

しかし、日本に意外と多いカタカナのビル名や店名などをどう伝えたら良いだろう？　ローマ字に書き直しても中国の人には分かってもらえない。

そこで「行きたい目的地」の名前をメモに書いて渡してみてはどうか。タクシーや駅で使えるだけでなく、ビルやデパートの中で具体的なお店を探すときにも役立つ。インターネット検索の地図をプリント、マークして渡したらさらに喜ばれるだろう。

駅名、地名は読めるけどカタカナやローマ字はNG。
中国人は、積極的に筆談はしない。
ホテルや目的地の名前を書いて渡してあげよう。

文化② 悪口に対する反応

バカって言ったでしょ！

その日本語は知っている。

ツアー参加者のCさん（女性・28歳）

ツアー後半のある日、途中で迷子が出たり、道路が混んだりして予定より時間が2時間くらい遅れていました。それなのに夕食の前に立ち寄ったお店で、さらに出発時間を大幅にオーバー、このままではホテルに何時に着けるか分からないと、皆も不安になり始めたそのときです。とうとうドライバーさんがガイドさんに向かって怒り出しちゃいました。

私は日本語が分かりませんが、時計や日程表を指差してガイドさんを怒鳴り続け、そして最後に「バカ野郎」と。中国では「いじわるな日本軍人が中国人をいじめる」というストーリーのテレビドラマがよくあって、その決まり文句は必ず「バカ野郎」。この言葉を聞くと、中国人は過剰なほど反応してしまいます。まさか旅行中に日本人の口からこの言葉を聞くとは思いませんでした。「バカ野郎」って、人を侮蔑する言葉で、日本人でも誰かに対してそんなに使う言葉ではないでしょ？　私も抗日戦争を題材にしたテレビドラマを見たことがありますが、いかにも意地の悪そうな日本陸軍の鬼軍曹が、人々に向かって吐き捨てるときに使うセリフ。これを聞いて不快に思う中国人は多いです。

運転手さんはガイドさんに対してだけでなく、我々に対しても「バカ野郎」と言いたかったのかもしれません。そう考えたら、急に旅がつまらなく感じました。

ツアー参加者のDさん（男性・40歳）

妻と二人で、喫茶店でお茶を飲んだときのこと。

メニューがすべて日本語で書かれていて、何がどれなのかさっぱり分かりません。仕方がないので、店先にあったサンプルのところまで店員さんを連れていって、それを指差してなんとか注文しました。

不愉快だったのは、隣のテーブルに座っていたカップル。よほど我々のことがおかしかったのか、ちらちらこちらを見ながらくすくす笑っているのです。明らかに我々のことを悪く言っているとしか思えないですよね。言葉の分からない外国人が困っているとき、僕は僕なりに一生懸命助けようとしたことが何度もあります。別に何か見返りを求めるわけでもありませんし、それが人として自然な反応ではないでしょうか。

彼らに助けてほしいとは思いませんが、かげ口を言ったり、人のことを笑ったりするのはいかにもひどいなと。彼らは外国で困ったことがないから、平気でこんなことをするのかもしれません。日本人の若者ってそんな悪い人たちばかりではないと思いたいです。

中国での実情

日中間には政治的に微妙な関係が常に存在しており、歴史的には日中戦争（中国では抗日戦争）という過去がある。潜在的に「日本をよく思っていない人」も少なからずいるようだ。

しかし、意外なところで日本人の評価が見直された。

二〇〇八年五月に起こった、四川大地震の被災地での日本の国際緊急援助隊救助チームが中国で絶賛を受けたのだ。チームが整列して犠牲者に黙とうをささげた写真が、中国人の心を激しく揺さぶった。無念にも生存者救出こそならなかったが、失われた命もおろそかにしない姿勢は感動に次ぐ感動を呼んだ。

若い人の間では、J－POPやキャラクターグッズ、アニメなどの影響で、日本文化は好意的に受け入れられている。ツアーにやって来る観光客の大半は、どちらかといえば日本びいきの人々。彼らの期待や夢を壊すような言動は慎みたいものだ。

中国人観光客の反応

二〇〇八年年末に出された読売新聞の「二〇〇八年読者が選ぶ十大ニュース」のトップに「中国製ギョーザで中毒、中国産食品のトラブル相次ぐ」が選ばれた。これは、食に対する庶民の不安を反映していることは間違いないが、日本人の中国そのものに対する不信感をあぶり出している結果でもありはしないか。ところが、日本での大々的な報道とはうらはらに、中国の人々はこの事件について何も知り得ていない。なぜなら徹底的な報道管制が敷かれていたからだ。

一方、日本人の「外国人に対する反応」が過剰なのにも問題がある。あからさまに避けたり、ジロジロ見ながら何かを言ったり。奥さんと喫茶店でお茶を飲んだDさんは、日本人カップルに悪口を言われたのではないかと不快感を表している。

もうひとつ、外国人に理解しにくい「日本人のリアクション」がある。

ボクには分からないからと、ニヤニヤ、ニタニタ笑って何も言わずにごまかしてしまう反応がそれ。中国人はイエスとノーをはっきりさせたがる傾向があり、ヘラヘラしていると「バカにされている」と感じ、露骨に怒りを表す人もいる。

傾向と対策

「日本に来ようという観光客で、日本に批判的な人はいないはず」。ツアー手配会社のBさんはこう述べている。世界中にさまざまな旅行先があるのに、自分がよく思っていない国へわざわざ行く人はいるだろうか？

一方、受け手側となる一般の日本人の中には、中国や中国人に対し「悪い印象」を持つ人が少なからずいるようだ。加えて、偏見、差別などの意識もあるのかもしれない。

人それぞれが持つ感情や意見を変えるのは難しいことだ。しかし、相手に対する理解や配慮をしないで、先入観で判断するのは危険なことだ。

多くの中国の人々と接していくと、意外と「感覚的に日本人に近い」人もたくさんいることに気づくはず。しかも、日本に興味を持ち、お金を使ってやって来る中国の人々に対し冷たく当たろうものなら、思わぬ大きなショックを与えてしまうかもしれない。不慣れな日本への訪問客を「温かく見守る」というスタンスが必要だろう。

「バカ」という日本語は全中国人が知っている。日本に来る人は、日本に「悪い印象」を持っていない。良いおもてなしで日本ファンを増やしていこう！

困っている人を助けないのも日本の習慣ですか？

中国ならもたもたしてると、誰か助けてくれるのに。

ツアー参加者のCさん（女性・28歳）

日本に限らず、外国に行くとお金を数える時にとても戸惑います。よその国のお金って、どれがどれだかよく分からないじゃないですか。

三日目の夜、ホテルで食べるスナックや飲み物を買いに、近くのコンビニに出掛けたんです。上海にもファミマやローソンがありますから、日本のコンビニはどうなっているのか見るのも楽しみでした。

カゴにいろいろ入れて、レジで計算してもらい、さあ払おうとしても、お金がよく分からなくて戸惑うばかり。夜なのに意外とお客さんも多くて、私の後ろに人も並んでいたけれど。

そのうち、後ろの方から声が飛んできました。言葉は分かりませんが、たぶん「早くしろ」とか「なにやってるんだ」とか、そんなことだったのだと思います。明らかに私に対して掛けられたものだと感じ、その人を思わず睨みつけちゃいました。

誰しも分からないことが急にできるようにはならないのに、思いやりのない言葉をぶつけられてとても嫌な気分になりました。

「習慣を知らないのだから、どう行動したら良いのか分からないのは当然。そして、困っている人に対して何かをきちんと伝える方法はたぶん別にあるはず。習慣を知らないことによる「間違った行動」には理解をしてほしいと訴えたいです。

ビジネスで訪日したXさん（男性・35歳）

雰囲気のあるレストランでのこと。食事がほぼ終わったので会計をしようと、ウェイターを呼んで、手でモノを書くジェスチャーをしたのですが、戻って来た反応は「えっ、いったいなんですか?」

戸惑ったのは私の方です。中国では、あの仕草をすれば計算書を持って来て精算してくれるのです。あれで通じないとなると、どうやってお金を払えば良いのだろうと、テーブルを見たら会計書らしきものが置いてあったので、それにクレジットカードを添えて出したら、ウェイターは出口の方を指差すのです。様子を見ていたら、他のお客さんが出口にあるレジでお金を払っていることが分かりました。たまたま良いレストランだったので、丁寧に教えてくれましたが、普通のお店だったら笑われていたかもしれません。私は常識を知らない変なお客だったのですから。

結局、会計は出口にあるレジで終えました。でも、私は不便な習慣だなと思いました。

中国での実情

「習慣の分からない人」に対する反応が、日本と中国では意外と異なるようだ。日本では、例えば自動販売機の使い方が分からない人に対して文句を言う人も結構いる。

一方、中国では、田舎から出て来た人が知識が十分でないためにとんでもない失敗をやらかしても「都会の習慣が分からないのは当然」と意外と寛容。きちんと諭すのが一般的で、いきなり笑いとばしたりはしないだろう。もっとも怒鳴りつけて終わりという人がいないわけではないが。

例えば「地下鉄の切符を売る」という行為を見ると、日本と中国では対応がまったく違うことが分かる。日本ではほぼ百パーセント自動販売機で買うしかない。しかし、中国の駅では「機械に慣れていない人」のために係員が対応する窓口が必ず設けられている。機械がよく壊れているという事情もあるかもしれないが「初めて地下鉄に乗るようなお上りさんが無数にいる」という事情を考えると、すべてを機械化したらおそらく「地下鉄に乗りたくても乗れない人」が発生してしまうのだろう。実際に、Ｆさんは都内で地下鉄に乗りたかったが、切符の買い方が分からなかったとつらい感想を述べている。

人が対応する「半自動」のシステムを取ることで、日本人が持つ概念とは少々違った「バリアフリー化」が行われている中国。人件費が安いからと結論づけてしまえばそれまでだが、経験不十分な人や弱者に向けてはやさしい仕組みなのかもしれない。

中国人観光客の反応

日本人は「一定の文化レベルを皆で共有している」という前提で見知らぬ人同士の社会的関係性が成り立っている。言い換えると、文化の違う人たちを受容することには慣れておらず「暗黙の了解」が守れない人に対しては、極端な反応で排除したり、拒否したりしてしまうのだ。

駅トイレのくし並びで注意を受けたＥさんは「知らない習慣について注意されるのは仕方がないですが、その声がなんともヒステリックで。中国ではああいう口調でいきなり声をかけられることはないですから、とても不愉快な気分になりました」と語る。

傾向と対策

日本人が中国人ツアー客に向かって、あからさまに注意をしたり、笑い飛ばしたりすると、おそらく大げんかになってしまう。また「日本ならではの習慣や常識」が分からない中国人をあざ笑ったり、怒ったりしたら「もめ事」になる可能性が高い。

また、一部の日本人に対する不満もあるようだ。例えば、レジや切符の自動販売機の列で「もたもたする人」に対し、露骨に怒鳴りつけたり、暴言を吐いたりするのは、日本人同士でも良いことではないのだし、中国人観光客がそういう罵声を浴びたらどう思うだろうか？

日本には今、困っている人がいても無関心という悪い傾向がある。Dさんは「一目見れば外国人と分かる我々が、駅で地図を開いていたら誰かに助けてもらえるかなと期待していたのに日本では一度も声がかからなかった」と嘆いていた。日本人はそれほどまでに他人に対する思いやりがないのだろうか？

使い方や習慣を知らない人にも寛容な国。困っている人がいれば誰かが助けてくれる。見た目で分かりにくいけど外国人。積極的におせっかいを!!

特別扱いできないって！

↓俺を誰だと思っているんだ。

視察で訪日したYさん（男性・55歳）

東京でのこと。半日ほど自由時間ができたので、団員の何人かを連れて美術館に行ったんだよ。珍しい作品を集めた展覧会で、建物に入る前から長い行列だった。

困ったのは我々の団員たちだ。もともと田舎の役人だから、地元で何かしたいときには特権を振りかざし、裏口から入ったり、列に堂々と横入りしたり。つまり、一般の人と一緒に並ぶという感覚も経験もないんだ。列に並んだら二十〜三十分待ちと言われ、すぐにイライラし始める。館内に入ったら、作品に近づきたいからと前にいる人を押すんだ。

最近は、役人といわれる人々のモラルも向上してきているようだが、まだまだ特権を使った便宜供与を求める奴らもいる。「順番に並ぶ」「時間がかかるときは待つ」といった一般の人にはあたりまえのルールを受け入れられない。どこに行っても地元にいる感覚で押し付けるのは正直困ったよ。

ツアー運営会社のBさん（男性・43歳）

中国からの手配依頼の中に、地方都市の政府関係者の視察ツアーがときどきあります。いわゆる観光ツアーと違い、役人たちがグループになって日本にやってくるものなので、手配にはとても気を使います。

しかし、依頼の中には困った注文もあるのです。予算は「できるだけ安く」と要求してきながら、成田から都内までの交通はバスでなくてハイヤーにしてくれとか、食事はこんなような内容にしてほしいとか。お金さえたくさん出してくれれば解決できるのかもしれませんが「予算はないが、メンツがあるからそこをなんとかしてくれ」と無理難題を突きつけてきます。

いいかげん勘弁してほしいと思ったのは「団長がディズニーランドのアトラクションに乗りたいと言っているが、並んで待つのは嫌だと。なんとかしておいてくれないか」というリクエストでした。そんなことが通用するなら、とっくに私は娘を連れてあそこに行っていますよ。

こういった人々は、日本に来てからもさまざまな「無理なお願い」を連発します。困ったものですよね。

中国での実情

いわゆるお役人などの「偉い人」が特権や政治力を使って、さまざまな「優遇」を得るのは中国ではごくあたりまえのことだ。街中を移動するのにパトカーを先導させてみたり、列車に乗るのにホームまでクルマで乗り付けてみたり。確かに他の国でもＶＩＰが警備上の問題からパトカー先導で走ることはあるが、中国では「のろのろ走るのが面倒だから、パトカー出しちゃえ」と、明らかな越権行為を平気で行ってしまう。

役人と呼ばれる人たちは、困ったことに「他の人にはやれないこと」を率先して行い、それで優越感を得ているのだから手に負えない。中国で役人から接待を受けたある日本人は、地元の駅からホテルまでパトカー先導で移動した経験を持つ。「彼らは良かれと思ってやっているのだろうが、私はここの市民に対して申し訳ないと思ったのと、恥ずかしい気持ちでいっぱいだった」という。

中国人観光客の反応

日本に来てまで「特権」を振りかざそうとする。

昔からの意識が抜けない一部の役人たちは、外国に行っても平気でさまざまな要求を出して来て、旅行会社や関係者を困惑させる。ツアーが始まると、同行者も自分の「メンツ」を守りたいから八方手を尽くすのだが「無理なことは無理だ」と突っぱねるガイドとのいがみ合いは収まらない。

このような「役人ツアー」の場合、最も地位の高い人がどういうかたちであれ満足してしまえば、それで収まりがついてしまう。例えば、出発前に「これだけはやりたい」と言っていた何かが実現できなかったとする。しかし、その直後に予想外においしい中華料理が食べられて、そこのサービスが良かったからと、急に機嫌が良くなることだってある。そもそも、役人一人の気分にグループ全体が振り回されるのは常識から考えて奇妙だが、中国の特権階級の人たちの感覚では、それが正しいことなのだから仕方がない。

傾向と対策

手配担当のBさんは、視察団体や友好団体などからのツアー依頼が来たら、日程のどこかで「特別な扱い」ができるように配慮するという。

一方、日本のサービス業では「均一で良質なサービスを、差別のないように行う」のは慣れていても、人それぞれに見合ったいわゆる「カスタマイズされたサービス」は得意でないようだ。だから「特別扱いをしてほしい」と言われても、何をしたら良いのか困ってしまうに違いない。費用や人手の制約もあるし、ノウハウが伴わないこともあり得る。

例えば、ホテルや公共施設、観光地などでは一般客と違う通路から案内してみる、特別な宴会場や会場をあてがうといったような対応なら、きっと喜ばれる。「特権」を意識する役人たちは、とかく「普通の人と違う対応」を受けることにより、優越感を得るからだ。

しかし「度を超した要求」は断るに限る。お金で解決できる要求なら、費用を請求すれば良いことだが、無理をして引き受ける必要はないだろう。

中国では、特権階級意識が強い。
特別扱いされることに慣れている。
度を超した要求にはき然とした対応を。

コラム　知って得する観光中国語

■いらっしゃいませ。
欢迎《ファンイン》光临《グァンリン》！

■（お子さん）かわいいですね。
真《ジェン》可爱《カーアイ》！

■手伝いましょうか。（自販機などで）
你《ニー》需要《スーヤオ》帮忙吗《バンマンマ》？

■道に迷いましたか？
你《ニー》迷路了吗《ミールーラマ》？

■どこに行きたいですか？
你《ニー》想去《シャンチュー》哪里《ナーリー》？

■漢字で書いてください。
请用《チンヨン》中文《ジョンウェン》写出来《シエチューライ》。

■たいへんもうしわけございません。
抱歉《バオチェン》。

■いえ、気にしないでください。
没事儿《メイシャー》。

■またのお越しをお待ちしております。
欢迎《ファンイン》您《ニン》下次《シャーツー》再来《ザイライ》。

■値引きはしません。
我们《ウォーメン》不可以《ブカーイー》折扣《ジューコウ》。

■立入禁止
请勿《チンウー》入内《ルーネイ》！

■撮影禁止
请勿《チンウー》拍照《パイジャオ》！

■たばこはご遠慮ください。
请勿《チンウー》吸烟《シーヤン》！

■静かにしてください。
请《チン》保持《バオチー》安静《アンジン》。

第3章

「また来るよ！日本へ」と言ってもらおう！

あとがきに代えて

「クレームやつらい思い出」を聞くかたちでの「中国人訪日客の本音」を引き出す作業の中で、日本人に対する遠慮のない批判も数多く聞きました。しかし、その根底に感じられたのは「日本に深く根付く、おもてなしの精神や公衆道徳に対する敬意」。これはお金を出して憧れの国・日本を訪れた人々の見解ですから、中国の人々の総意ではないでしょうが「日本という国」を好意的に捉える人が中国で増えていることが実感できました。

確かに中国には、ゴミ処理や整列などの「公衆道徳」への配慮が足らない、時間感覚が「ルーズ」といった問題が依然存在します。日本でそんなトラブルを「自分自身で起こしてしまった」と語ったツアー客の一人は「中国でも、時間を守る精神や、ゴミをきちんと捨てる習慣が徹底すれば、私たちももっと暮らしやすくなるのに」と前向きな意見を述べています。

日中戦争以来、中国には日本嫌いの風潮が少なからずありました。しかし、お互いを知る手段や機会が増え、正しい理解へとつながることは長期的に見て双方にとって大きな利益になるのでは、と私は考えます。

一方、日本人の中国観には若干の危険性をはらんでいます。二〇〇八年春、全国を震撼させた毒ギョーザ事件では中国製食品の不買も起こりました。その結果、中国という国に対する信頼を損なうに十分すぎる大きな問題へと発展しました。あるいは、在日中国人の犯罪についても、多くの日本人は懸念を持っています。

そんな前提条件の下、中国からの観光客を温かく迎える舞台が整っているかどうか、結論が出るにはまだ時間がかかるかもしれません。

今中国から日本に来ているツアー客の大半は、東京～大阪のいわゆる「ゴールデンルート」をたどるため、そこから漏れている市場の方々が中国人誘致に腐心されていることも良く理解できます。

しかも、中国の旅行市場を狙っているのは日本だけではありません。他の国々との競合も考えていかねばなりません。早くから受け入れを始めたシンガポール、マレーシア、タイや、近隣の韓国も積極的に誘致を図っています。また、ブランドショッピングの本場・フランスやイタリアへのツアーも一般的なものになりました。主権返還で中国の一部になった香港とマカオも日本にとって競合するディスティネーションと言えましょう。

日本ではＹＯＫＯＳＯ　Ｊａｐａｎキャンペーンと銘打ち、二〇一〇年までに外国人誘致二千万人を目指しています。そのためには隣国・中国からの渡航者を増やす必要がありますが、煩雑なビザ発給のルールが大きな壁になっているように思います。

中国人観光客誘致には、依然さまざまな難問が横たわっています。観光地や宿泊施設の整備、魅力ある商品の開発などの「ハード面」の充実も大切でしょう。しかし、中国の人々が心を打たれるポイントは「日本人のサービスや道徳観」。だからこそ「日本にまた来ます、きっと」という言葉が出てくるのです。

「相手に対する理解」を深め、いかに訪日中国人の心に歩み寄るか。成功へのカギはこのあたりに隠れているのではないでしょうか？

伊藤雅雄（いとうまさお）

大学時代、中国語と比較文化論、シルクロード史などを研究。卒業後、旅行会社に就職し、以後 20 年あまり、日本人の行きそうな外国の街のほとんどを添乗や視察、営業などの目的で渡航。中国を中心とするアジア各地の土地勘には自信あり。業務の合間に地元の人々からさまざまな情報を仕入れ「人々の暮らしや習慣」に興味を持つようになり、やがてエッセイやコラム執筆を始める。2007 年夏よりイギリス在住。中華レストランに行くと故郷に戻ったような気分になるのが不思議。

中国人《ちゅうごくじん》ご一行様《いっこうさま》からクレームです！

中国人観光客とうまく付き合うためのヒント

2009 年 3 月 20 日　第 1 刷発行

著　者　伊藤雅雄
発行者　前田俊秀
発行所　株式会社 三修社
〒 150-0001　東京都渋谷区神宮前 2-2-22
TEL 03-3405-4511　FAX 03-3405-4522
http://www.sanshusha.co.jp
振替 00190-9-72758
編集担当　安田 美佳子
印刷・製本　萩原印刷株式会社

ISBN978-4-384-05534-4 C0095

本文・カバーデザイン：（有）ウィッチクラフト